我的第一支會 股票賺錢

讓你的投資觀念一次到位

人生如果能夠重來，我會希望及早學習股票投資。真的，越早越好！

投資是件陪你走一輩子的事，攸關財富累積和生活品質，這是門最務實有益的學問。可是，學校沒有教，出了社會得自己學。絕大多數的人，靠著一知半解、懵懵懂懂地在股海裡碰撞浮沉，繳了許多學費，飽嚐煩憂，經年累月之後才能累積一些心得，而且最後是失望者眾。但是，真有必要付出這麼多慘痛代價嗎？

《我的第一支股票會賺錢》是提供股市初學者的入門書籍。透過淺顯易懂的說明，提供基礎、完整、與清晰的概念，加上一些筆者經驗分享，希望幫助有意投入股市、或在股市打滾已久卻仍未得其門而入的投資人，包括高中生、菜籃族、到銀髮族，都能因此減少股票投資的學習時間，讓投資觀念一次到位。

我的投資經驗二十年。1990年到1997年算是射飛鏢階段，跟絕大多數股民一樣，渴望賺錢、卻亂無章法。1997年到2000年是精準明牌階段，卻在大賺大賠中度過，因為沒有自己的中心思想，沒辦法穿透表象，對投資的本質有邏輯、有判斷。

2001年到2005年開始建立基本面的理論架構，並在技術分析大師杜金龍的指導下，建立中低階技術分析的完整概念。2006年到2010年進入承銷領域，從上市公司發行端回頭看資本市場，更有震撼性的全新啟發，瞭解籌資活動對股價的影響等全新視野。

由於個人的職場訓練，如今對長、短期投資都有實務參與，包括代操、自營、承銷案件審核與部位管理，以致對未上市、興櫃、到上市櫃市場都有完整涉獵。回想自己對投資的接觸，竟然花費了這麼多的光陰，因此，很樂意與大家分享，希望大家都能及早建立自己一套完整投資邏輯，提高賺錢勝率！

劉心陽

★每小節大標

列出讀者最想知道的
投資觀念或方法。

★趣味漫畫

透過幽默風趣的漫
畫，學習投資也可以
很輕鬆。

1　第一次買股票就賺錢

投資是一條漫長而孤單的自我修煉過程，想讓自己成
為股市常勝將軍？！最好從第一次買股票時就做起，
及早建立正確的觀念。當最終獲利了結時，喜悅不單
是來自賺到錢，還有一份肯定自己賺錢能力的成就
感。

 買股票前，要做好功課

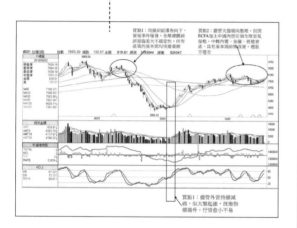

#001 加權指數

chapter
1
需知篇─買賣新手的基本配備

名詞解釋

多頭
是指市場趨勢持續向上，後市樂觀。會採取這個字眼，是因為行情好，號子裡面人氣超旺，萬頭鑽動的模樣，所以叫做多頭。西方人也稱多頭市場為牛市，最著名

一定要知道的觀念

要把投資當成是打仗，心態必須非常嚴肅。買一檔股票前，事前要做好功課，了解它的基本面、技術面、與籌碼面，更要了解當時大盤環境。

想在股票市場賺錢，其實不難。一筆交易在很短的時間內，賺個2％、3％，這樣的機會不少。大**多頭**行情來臨，賺個3成、5成、甚至倍數獲利，也時有耳聞。但是，為什麼長期結算下來，10個投資人卻有8個賠錢？這問題就值得深思。

如果獲利的基礎是倚賴他人，例如：打聽明牌、誤打誤撞矇到的好運氣、或是股市沸騰下才心癢難耐進場搶進買股。這類作法形同投機，自己沒有一套方法、一套邏輯，這樣下去，怎麼賺來的，終究會怎麼賠回去，甚至輸得更慘，然後周而復始的陷入這種莫名其妙的輪迴。

目錄

作者序
本書頁面說明

Chapter 1　股票買賣新手須知

1 第一次買股票就賺錢　　12

2 訂定你的理財目標　　16

3 學習看對股票多空趨勢，投資穩賺錢　　21

4 股票簡單學　　25

5 認識股票交易市場　　29

6 認識股票的分類　　37

Chapter 2　開始買賣股票囉！

1 買賣股票的流程　　44

2 如何選擇優質的券商和營業員？　　50

3 開戶的資格和手續有哪些？　　53

4 如何下單買進股票？　　56

5 投資股票的成本怎麼算？　　60

6 小錢也可以買股票─零股該怎麼買賣？　　63

Chapter 3　聰明選對賺錢股票

1 如何挑選我的第一支「賺錢」股票？　　68

2 篩選賺錢股票的方法　　74

3 什麼時候該進場買股票？　　83

4 配股配息對股價的影響？　　88

5 如何挑選要長期投資的股票？　　96

6 如何挑選要短期獲利的股票?　　　　　　　　　　105

Chapter 4　精準掌握股市行情指標買低賣高

1 輕鬆認識股票產業類別　　　　　　　　　　　112
2 認識判斷行情的指標　　　　　　　　　　　　120
3 怎樣判斷市場多空,買低賣高?　　　　　　　126
4 如何蒐集股市相關資訊?　　　　　　　　　　134
5 股票管理小技巧之一:認識三大法人進出表　137
6 股票管理小技巧之二:認識股票行情表　　　145
7 股票管理小技巧之三:認識成交值排行榜　　150

Chapter5　活用股票投資策略穩賺不賠

1 買進績優股,長期投資　　　　　　　　　　　156
2 分批買賣規避風險　　　　　　　　　　　　　164
3 固定價位投資法　　　　　　　　　　　　　　169
4 三角形投資法　　　　　　　　　　　　　　　173
5 賺多少錢賣出才合理?　　　　　　　　　　　179
6 賠錢了也要賣嗎?　　　　　　　　　　　　　183
7 融資融券開戶與操作技巧　　　　　　　　　　190
8 做好資產配置,不要盲目使用融資融券　　　206
9 嚴格執行停利停損,用法人的心態買賣股票　210
10 養成定期檢視持股的習慣　　　　　　　　　　213
11 買股票貴精不貴多　　　　　　　　　　　　　216

Chapter6 運用技術分析預測股價趨勢

1 K線圖與股價的關係   220

2 艾略特波浪理論輕鬆學   233

3 技術分析指標輕鬆學   242

    ＊RSI（相對強弱指標）

    ＊KD（隨機指標）

    ＊MACD（聚散指標）

4 移動平均線輕鬆學   254

Chapter7 海外股票買賣新手須知

1 前進美國股市   262

2 前進香港股市   274

附錄

台股、美股、港股差異比較表   284

股票漫畫人物登場囉！

Dr.Stock

40歲，縱橫股市多年，擁有豐富的財經知識和股市實戰經驗。

Leo

28歲，Terry的大學同學，在廣告公司上班，投資個性積極，但缺乏風險控制概念，常常亂投資賺小錢賠大錢。

蔡爸爸

53歲，Terry的爸爸，是某公司的主管，希望能盡快存到讓自己可以安心退休的退休金。

Kelly

23歲，Terry的妹妹，社會新鮮人，是標準的「月光族」，沒有投資概念，也沒有積極投資的想法。

Terry

28歲，蔡家長子，任職於科技公司的職員，有感於薪水有限，努力學習投資理財，希望每年的平均獲利能有15%。

蔡媽媽

年齡不詳，Terry的媽媽，家庭主婦，常常追高殺低。

Mike

20歲，Terry的弟弟，目前還在上大學，對投資一知半解，正努力學習。

Chapter 1

股票買賣新手須知

1 第一次買股票就賺錢
2 訂定你的理財目標
3 學習看對股票多空趨勢，
　投資穩賺錢
4 股票簡單學
5 認識股票交易市場
6 認識股票的分類

1 第一次買股票就賺錢

投資是一條漫長而孤單的自我修煉過程，想讓自己成為股市常勝將軍？最好從第一次買股票時就做起，及早建立正確的觀念。當最終獲利了結時，喜悅不單是來自賺到錢，還有一份肯定自己賺錢能力的成就感。

　　想在股票市場賺錢，其實不難。一筆交易在很短的時間內，賺個2％、3％，這樣的機會不少。大**多頭**行情來臨，賺個3成、5成、甚至倍數獲利，也時有耳聞。但是，為什麼長期結算下來，十個投資人卻有八個賠錢？這問題就值得深思。

　　如果獲利的基礎是倚賴他人，例如：打聽明牌、誤打誤撞矇到的好運氣、或是在股市沸騰下才心癢難耐進場搶進買股。這類作法形同投機，自己沒有一套方法、一套邏輯，這樣下去，怎麼賺來的，終究會怎麼賠回去，甚至輸得更慘，然後周而復始的陷入這種莫名其妙的輪迴。

建立適合自己的股市致勝方法

　　「投資」不同於「投機」，投資是一條漫長而孤單的自我修煉過

程，目的是建立一套適合自己的致勝方法，提高勝率、降低賠率。想讓自己成為股市常勝將軍？古人說：「學貴慎始。」，最好從第一次買股票時就做起，及早建立正確的觀念。如果闖蕩股市很久還是賺不了錢，沒關係，可以參考別人的經驗，修正自己的錯誤，把明天當成全新的開始，第一次買股票就賺錢。

孫子兵法說：「多算勝，少算不勝，而況無算乎。」一張股票動輒數萬元，一天漲跌一個百分點，就是數百元。幾百元看似不多，回到真實生活卻是一天的生活費。10萬元的股票，如果跌個1成，就是好幾天的薪水飛了。

刻意一開頭就提到這點，目的是提醒大家：投資一定要謹慎。我看過太多的投資人，包含早年的自己，因為沒把錢當錢看，輕忽隨性，常常興致一起，臨時衝進去買股，讓自己的錢在股市眾多股票間遊走，下場當然淒慘。要記得：如果沒有有把握的投資標的，就不如擁抱現金，再等待機會。

扎實做功課，輕鬆賺台幣

要把投資當成是打仗，心態必須非常嚴肅。買一檔股票前，事前要做好功課，了解它的**基本面、技術面與籌碼**

名詞解釋

多頭

是指股票市場趨勢持續向上，後市樂觀。會用這個字眼，是因為行情好，號子裡面人氣超旺，萬頭鑽動的模樣，所以叫做多頭。西方人也稱多頭市場為牛市，最著名的就是美國華爾街外的公牛雕像。相對多頭市場就是空頭，西方人也稱做熊市。

面，更要了解當時的大盤環境。接下來，研判這檔股票可能的獲利空間以及下檔風險，目的是在心中形成一個初步的作戰策略。

進場前，還要記得看一下它的同業族群。譬如說，如果想買做機殼的可成（2474），就要把鴻準（2354）、華孚（6235）、及成（3095）等個股的資料也調出來看看，瞭解一下他們整體的產業趨勢與個別公司的業績表現。因為股票要漲，多半是一個族群一起漲，很少只有一家公司單獨上漲，除非這家公司有爆發性的題材表現。

當準備工作完成，就可以放膽進場。剩下來要做的，就是密切觀察自己先前的假設基礎，有沒有出現結構性的重大變化。例如原本認為歐洲足球盃賽事題材是激勵液晶電視下一季的重要需求來源，但突然間，英國傳來大罷工、法國爆發百年洪水，原先看好面板的假設就得修正，不能繼續樂觀。

當這些準備及維護工作都做到，獲勝機率就會大大提高。當最終獲利了結時，喜悅不單是來自賺錢，還有一份肯定自己賺錢能力的成就感。這種透過精密盤算下，第一次買股票就賺錢的感覺，正是本書願與讀者分享的重點。

名詞解釋

基本面、技術面與籌碼面

影響股價的因素，可能來自多種層面，包括基本面（意指總體經濟環境、產業趨勢、與公司營運狀況）、技術面（從股價走勢的型態，以及技術指標相對位置，研判股價未來可能走向）、與籌碼面（瞭解市場籌碼的動向與歸屬，作為判斷主力意圖的參考）。

買股票前，要做好功課

做功課

聽明牌

2 訂定你的理財目標

「貪」跟「貧」兩字，差異只有一撇。設定年度獲利目標，是讓自己不貪心，免於過度執著。相對的，當空頭市場來臨時，更會讓自己等待最佳的時機，小心出手。

「有攻有守，投資高手」。有次走在路旁，無意間瞥見公車車體廣告上，這句匯豐中華投信的廣告詞，瞬間心中一震。說真的，這句詞寫得真好！

依自身狀況設定理財目標

俗話說：你不理財，財不理你。設定理財目標是非常重要的，作法就好似學生時代準備課業，擬好了短中長期的讀書計畫，努力往目標前進。就算最後準備的差強人意，也一定會比毫無章法亂唸亂讀來得好。理財也是一樣！

設定理財目標，首先得綜合考量自身的三項因素：年齡、收入、與投資標的風險屬性。因為，人生各階段的賺錢能力、資金需求、以及承

受風險的能力都大不相同。20多歲的人，收入有限，可以多押一點高風險屬性的投資，例如股票與期貨。就算投資失利，賠的也有限，但換來寶貴教訓，卻可能使你一生受益。

反之，如果是退休銀髮族，每分錢都是日後養老基礎，承受不了太高風險，得要步步為營，資金的配置上要多擺在保本型的理財商品，例如定存或債券型基金。

其次是衡量資金運用期限，究竟是1個月後要用？1年後要用？例如買輛機車。還是3、5年，甚至是20年後才要用，例如買間房子？作法上也大相逕庭。基本上，根據主計處資料顯示，失業者到重新就業平均30周，身邊至少要準備3個月的現金存款，以備不時之需。剩餘的錢，再拿來進行短中長天期的理財規劃。

如果資金運用期限越短，理財工具的變現性就要越強，定存、標會、乃至交易量大的股票都還可以，但千萬別去買房子。但如果期限越長，就可以多一些以時間換取報酬的理財工具，譬如共同基金、股票、房地產、骨董字畫等。

心中有目標，獲利有保障

超哥擔任券商自營部操盤人十餘年，他的理財目標是：每年獲利15％。因為只要30年，財產就會增為60倍，到時就可以快樂退休！

很多人一聽到超哥的想法，可能會覺得「你也太沒有雄心壯志了

吧！」15％不多嘛！兩根**漲停板**就有了。你當專業操盤人這麼多年，一年還找不到兩根停板嗎？設定這種低門檻目標，未免也太遜了吧！

其實，超哥的想法非常理性，也非常務實。每年賺15％，長期累積下去，就是非常高的報酬。更重要的是，設定這樣的目標，可以嚴格控制風險，即時保住獲利。

名詞解釋

漲停板

很多國家的股市，都有最高漲跌幅的限制，目的在保護一般投資人，避免盤中價格劇烈變化導致投資人受傷。台灣股票市場除了新股掛牌的前五個交易日沒有漲跌幅限制，一般上市櫃股票當日最高的漲跌幅是7％。交易當天股價的最高限度稱為漲停板，例如前一天收盤價是10元的股票，隔日漲停板價格就是10.7元。

訂定你的理財目標

每年獲利50％

每年獲利15％

愈多愈好

每年獲利15％

　　以2007年為例，上半年很多投資人大賺，但是台股卻在7月底急速反轉，很多人到了年底，不但吐光全年獲利，甚至慘賠。超哥當年上半年獲利30％，卻能在獲利萎縮到20％前，斷然決定清光持股。他能毫不留戀、毫不遲疑，就是因為確保每年的15％獲利目標是他的首項要務。這項自我要求，讓他清楚明白，關鍵時刻該怎麼做。

　　他不會痴心妄想，或是因為手中出現套牢股票，讓心態轉為固執偏多。他知道當獲利大幅縮小時，這一刻，必須先清光股票，鎖住獲利，讓自己暫時退場觀望。如果之後盤勢止穩，趨勢重新向上，他才會再次進場。否則，就可能提前打烊，今年就不做了，反正年度獲利目標達成。不貪心、不妄想，當然也避免損失進一步擴大。

　　「貪」跟「貧」兩字，差異只有一撇。設定年度獲利目標，是讓自己不貪心，免於過度執著。相對的，當空頭市場來臨時，更會讓自己等待最佳的時機，小心出手。畢竟，每年台股的高低點，大約都有兩成的震盪幅度，空頭市場能夠選在相對低檔進場，一年15％的獲利，仍然是很有機會達成。

名詞解釋

代客操作
一般稱為「代操」，法規上的正式名稱叫做「全權委託投資業務」。顧名思義，就是委託人將名下財產，委託專業投資機構進行股票或期貨的投資，操作機構則收取固定費用或抽取績效分紅。

目標明確，易於控管風險

筆者於2000年任職荷銀投信時，外國老闆Steve Novak跟我談起政府剛剛開放的**代客操作**業務。Steve覺得台灣投資人的心態很不正確，認為代操就是要幫客戶創造沒有上限的獲利，越多越好，這與先進成熟國家的代操市場有很大的不同。

先進國家的代操作法，是一種量身定做的概念：必須先瞭解客戶期待的報酬範圍，雙方約定一年目標報酬率是多少？例如可能是一年期定存利率加幾個百分點。由於獲利目標確定，投資風險也能夠相對控管。畢竟，如果追求沒有上限的報酬率，投資人也必須明白相對可能必須承受極高的風險和損失可能。

因此，很多百年以上的大型資產管理機構，在基金經理人的獎金計算制度上，就已經明白顯示並不鼓勵報酬率無限地衝高，因為歷史告訴他們：只要能夠持續保持中上排名的穩健績效，長期下來就能績效遙遙領先。過度重視短期績效，碰到市場急速反轉，龐大基業甚至可能一夕瓦解，就像2007年至2009年間的金融海嘯，許多著名避險基金宣告破產一樣，其實，類似的故事在兩百多年來的國際股票市場中，早已屢見不鮮。

我們個人理財，也應該設定合理的年度理財目標，才能可長可久，財富穩健累積。

3 學習看對股票多空趨勢，投資穩賺錢

在投資的過程中，趨勢是讓你克服貪婪與恐懼的最佳工具。趨勢，絕對是你投資時的一盞明燈，也是最佳的朋友。

翻開大盤乃至個股的K線圖，不外乎就是「漲、跌、盤」三種型態。一個優秀的投資人，必須隨時明白，目前手中持股以及整體大盤環境，是處於哪種位置：上升？下跌？還是**盤整**？

買了上漲趨勢、多頭型態的股票，不賺也難，即使小套，也很快就能賺到錢。買到下跌趨勢、空頭型態的股票，即使賺到反彈，但跑慢一點，就會持續加入套牢一族。如果買到盤整型態的股票，不想區間來回操作，就得有點耐心，因為還輪不到你的股票上場表演。

趨勢的判斷方法，會在第六章中詳細的闡述。在這

 名詞解釋

盤整

股價在一個比較長的時間內趨勢不明顯，看不出股價是要往上還是往下走，而是停在某個小區間內上下波動，多空雙方暫時力量均衡，交易不活潑，無利可圖，這種時候就是盤整。

盤整不僅出現在頭部或底部，也會出現在上漲或下跌途中。

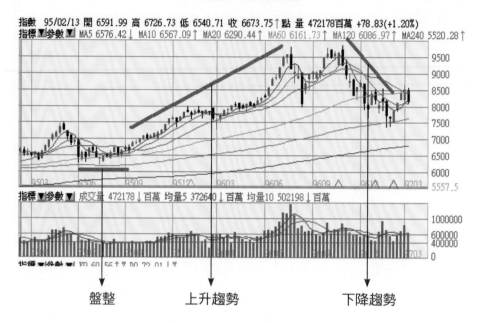

◎ 台股大盤周線圖

裡先提到，目的是提醒讀者，買賣股票，一定要明白股票現在所處的位置，才能做出明智的決策。

趨勢的3個階段

趨勢依照時間長短，可分成：

1.主要趨勢：半年至 1 年以上。一般人所說的多頭或空頭市場，就是指主要趨勢。

2. 中期趨勢：持續 3 個月到 1 年。

3. 短期趨勢：持續 2 周到 3 個月之間。

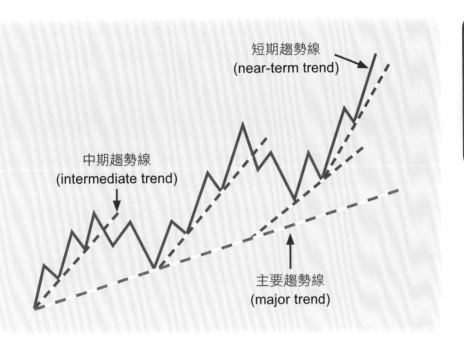

短期趨勢線
(near-term trend)

中期趨勢線
(intermediate trend)

主要趨勢線
(major trend)

　　一般市場贏家，經驗上多以中期趨勢為操作方向。中期趨勢則以季線作為指標。當股價或大盤指數超越季線，且季線上揚，才會大舉進場。一旦股價或大盤指數跌破季線，就會採取保守策略。

　　技術分析大師馬丁‧齊威格（Martin Zwieg），是一籃子基金早期創立人。他有三大名言，至今仍被市場奉為圭臬：

　　1. 絕不與大勢為敵（Never fight the tape）。

　　2. 趨勢是你的朋友（The trend is your friend）。

　　3. 絕不與**聯準會**為敵（Never fight the FED）。

名詞解釋

聯準會

美國聯邦準備理事會（The Federal Reserve System，簡稱為Fed、聯準會）負責履行美國的中央銀行的職責，也就是決定央行政策的最高機關，美元是世界強勢貨幣之一，美元利率的升降攸關全球經濟，所以每當聯準會要做出決定，皆會引起全球矚目。這個理事會於1913年根據《聯邦準備法》（Federal Reserve Act）成立。此系統主要由聯邦準備委員會，聯邦準備銀行及聯邦公開市場委員會等組成。美國聯邦準備理事會由位於華盛頓特區的中央管理委員會和12家分布全國主要城市的地區性聯邦準備銀行組成。

也就是說：沒有人會每次都看得準市場，所以假設看錯方向，不要硬拗。隨時要注意趨勢，這是幫你化險為夷的最佳幫手。此外，要留意政策方向，當政府全力做多或者貨幣政策改變時，千萬不要忽視這種影響力。

股票市場，是個淬煉人性、自我修行的好地方。不管是投資機構，或者是一般散戶，所有股市參與者，每天都被反覆嚴厲考驗：如何克服貪婪與恐懼。該貪婪時不該恐懼，才能賺取波段利益。相對的，該恐懼時不該貪婪，才不會為了一些痴心妄想，搞得連老本都賠光了。

在投資的過程中，趨勢是讓你克服貪婪與恐懼的最佳工具。趨勢，絕對是你做投資時的一盞明燈，也是最佳的朋友。

4 股票簡單學

退伍後已經工作一年的Alan最近煩惱一件人生大事：
倘若自己60歲退休，萬一活到100歲，那後面的40年
歲月靠什麼過活？Alan爸爸說，學做股票吧！

　　股票市場撲朔難測，但這正是它醉人之處。它造就巴
菲特成為全球首富，但也讓無數的投資者傾家蕩產，金錢
遊戲夾雜人性爭鬥，上演一次次財富重分配的悲喜交加的
故事。它提供資本家創業的重要支柱，讓郭台銘等英雄豪
傑得以白手起家，相對的，也讓台鳳等企業黯然**下市**。對
一般投資人來說，股票投資的確是個可以終身投入的專業
領域。

　　股票交易可以追溯到300年前，但是運行之初，就曾
掀起動搖國本的跨國金融風暴。1718年8月，法國發行掌
握北美殖民地貿易特權的「密西西比公司」股票，一股550
里弗瑞上市，一年內炒到18000里弗瑞。隨後英國「南海公
司」也在3個月內狂飆10倍。但好景不常，1720年8月，

名詞解釋

下市

下市是一種口語的說
法，表示股票停止在
證券交易所或櫃檯買
賣中心掛牌交易。雖
然下市的股票還是可
以私下轉讓，但流通
性就會變得很差。通
常會下市的公司，多
半是財務與業務狀況
出現重大問題，所以
很多投資人一聽到掛
牌公司要下市，就會
認為股票將成為沒有
用處的壁紙，而產生
恐慌性的拋售。

兩家公司股價暴跌並打回原形，號稱證券史上的兩大騙局，重創英法兩國經濟。

著名物理學家牛頓，也因重押南海股票，散盡家產，嘆息之餘，說出一句至今有效的名言：「我能計算天體運行，但卻無法計算人類的愚蠢。」英國國會更因此推出「泡沫法案」，禁止公司發行股票，直到100年後才解禁。

德國股神科斯托蘭尼曾說：「股票是個藝術，不是科學。」因為股票市場的運作，變數太多且無法量化，不可能找到一個萬能公式破解出它的祕訣。從各國央行對利率與匯率的政策調整，到國際原物料走向，乃至產業新技術與新應用的變化，甚至個別公司的競爭策略，或是一國元首無意當中脫口而出的一句話，都會影響整個股市的走向。但也正因它的撲朔迷離、鬥智有趣，更是資本主義快速擴張的動力核心。

因此，儘管股票交易的歷史中，充滿斑斑血淚的悲慘故事，也不乏一夕致富的傳奇，更有多空作手間相互傾軋的人性糾葛，但數百年來全世界不分人種、不分老少，大家仍是樂此不疲，前仆後繼的投入。

一定要知道的觀念

股票的最小單位是1股，一張股票是1000股。無論公司的大小，財政部規定的股票面額一律都是10元。

什麼是股票？

　　企業家因應日常資金周轉，和擴大營業規模的資金需求，主要有兩種作法，一種是向人借錢，也就是向銀行等債權人借款，並且支付利息；另一種就是拉人入股，並且按照股東出資比例，給予相對的股份，將商業活動的風險與報酬分散出去，彰顯這些股東權益的證書，就稱為「股票」。

　　也就是說當你買了XX公司的股票，你就成了這間公司的股東，不論你的股數有多少。對股東來講，除了可以享受現金股息與股票股利，獲得配股配息的好處，讓投資人即使不關心股價，只要公司賺錢，每年仍然會有固定的收益。因此，你可以不必承擔當企業老闆每天面對的各種壓力與挑戰，卻可以透過投資，讓這些老闆和專業經理人為你賺錢，這就是當股東的一種好處。

　　此外，股票會因為公司的業績表現，產生上上下下的股價波動。投資人在股票的一買一賣之間，還會產生交易上的損益，稱為資本利得。全球有接近50兆美元的資金，每天就在各地金融市場當中，尋找這樣的獲利機會。

一定要知道
的觀念

企業家為了充實公司資本，以因應日常資金周轉，和擴大營業規模的資金需求，於是拉人入股，並且按照股東出資比例，給予相對的股份，將商業活動的風險與報酬分散出去，彰顯這些股東權益的證書，就稱為「股票」。

買股票的好處

　　總之，股票的發明，讓企業的經營權和所有權分開，專業經營團隊努力工作，創造業績。擁有企業所有權的股東，則可以授權董事會，掌握公司經營方針與重大計畫，並藉由股票投資，領取股息股利，分享到企業經營的收益，當然，也可以只是買賣股票，賺取價差，這就是買股票的好處。

◎ 股東的權利與義務

```
股東的權利與義務 ─┬─ 分享企業經營獲利
                  ├─ 優先認購股票
                  ├─ 董監事選舉權
                  └─ 掌握公司經營方針
                     與重大計畫
```

5 認識股票交易市場

台灣股票交易市場有兩種：上市股票和上櫃股票，在申請的資格條件上有一些差異，包括資本額下限、成立年限、獲利條件、股東人數等，而且上市股票條件高於上櫃。

台灣股票交易市場有兩種：集中交易市場（上市股票），以及櫃檯買賣市場（又稱店頭市場，可分成上櫃股票以及興櫃股票）。上市股票的管理機構是「台灣證券交易所股份有限公司」（簡稱TSEC，或證交所）。櫃檯買賣市場的管理機構，則是「財團法人中華民國證券櫃檯買賣中心」（簡稱OTC，或櫃買中心）。

上市與上櫃股票，在申請的資格條件上有一些差異，包括資本額下限、成立年限、獲利條件、股東人數等，當然，上市的門檻比較高，上櫃的門檻則相對較低。以下我們針對集中與店頭市場多一點描述。

集中市場

集中市場是指上市股票在證券交易所，以集中競價的方式買賣。台

灣集中市場開始於民國52年，至今已有快50年的歷史。早年想要掛牌上市，是非常不容易的事情，也形成許多「**借殼上市**」的案例。近年來，政府鼓勵企業上市，甚至許下新增上市公司3年250家的目標。

企業想要申請上市，必須經證券商承銷部門輔導與推薦，然後呈交證交所經理部門審查，確定符合上市掛牌條件之後，提請「有價證券上市審議委員會」審議，通過後提報證交所董事會核議，同意上市後，再將上市契約報請金管會證期局核准。

由於很多人對創業有興趣，最大的夢想就是當個上市櫃公司的老闆，很多人都會打聽要準備多久才能上市上櫃。因此特別列出IPO上市櫃時程規劃表，供大家參考。一般來說，在台灣，從想上市上櫃掛牌到完成掛牌，大約抓2年左右的時間，最快最快也需要1年半的時間。

新股掛牌上市，本來是件喜氣洋洋的大事，這表示辛苦多年的事業打拚，得到了證券市場的肯定。這麼美好的一件喜事，最討厭就是碰到大盤崩盤，不但很難出現**蜜月行情**，甚至很容易跌破承銷價，喜事變喪事。還得等到大盤局勢轉穩之後，再行補度蜜月。

因此承銷商大多會建議承銷輔導的前段作業，能及早

名詞解釋

借殼上市

許多企業為了加快上市櫃腳步，或者不願意讓自身的帳務在上市櫃輔導過程中被高度檢驗，因此透過入主既有的上市櫃公司，達到實質掛牌的目的。通常被借殼的公司，多半是經營體質較差或欠缺成長性，因此股價表現也不理想。在被借殼之後，因新東家會灌入資產與業績，股價也容易一飛沖天。

◎ 集中市場與店頭市場股票買賣制度比較

項目	集中交易市場 （上市股票）	店頭市場 （上櫃股票）
管理機構	台灣證券交易所股份有限公司	財團法人證券櫃檯買賣中心
交易方式	電腦輔助交易	• 等價系統：電腦輔助交易 • 議價方式：自營商營業處所議價
款券劃撥	強制	• 等價系統：強制 • 議價方式：自行決定
撮合原則	集中競價	逐筆最合理價格（接近交易所方式）或議價
融資比率	六成	五成
融券保證金成數	九成	九成

資料來源：證券櫃檯買賣中心

完成，然後多留一點時間，可以充裕的選擇比較有利公司的掛牌時點。

店頭市場

櫃檯買賣所形成的市場稱為櫃檯買賣市場，又稱店頭市場或店頭交易。這是一種透過證券商營業櫃檯，以議價方式進行的交易行為。

名詞解釋

蜜月行情
新股掛牌之後，通常會有股價連續上漲的慶祝行情。因此就以新人結婚後的蜜月來形容這種甜蜜的感覺。不過，蜜月行情通常得在市場多頭環境才容易產生。

◎ IPO上市上櫃承銷時程規劃

內控專案報告 查核期間為1年		送件前須登錄 興櫃滿6個月	1.5~2個月		20天	3個月內	

97.07~ 98.06	98 09	98 10	99 06	99 08	99 09	99 12	99 12
●董監事及大股東股權規劃 ●進行內控制度規劃及執行 ●券商進行不宜條款及重要問題查核	●辦理公開發行 ●會計師內控專案審查報告	●向OTC申請興櫃股票掛牌交易	●OTC（交易所）書面及實地查核 ●向OTC（交易所）提出上櫃(市)申請	●OTC（交易所）審議委員會議	●OTC（交易所）董事會核准 ●向證期局申報發行新股	●股票承銷、股票送存集保 ●證期局核備上市(櫃)案及現增案	●股票正式開始掛牌交易

> 證期局核准日起3個月內掛牌，
> 得申請延後一次掛牌(再3個月)。

註：1/1～8/31申請公開發行之案件，內控專審期間為前一完整年度；9/1～12/31申請之案件，內控專審期間為前一年度7/1～當年度6/30。

　　很多上櫃公司掛牌一段時間，就會申請轉到集中市場掛牌交易。但是還是要經過半年的輔導程序，因為上市與上櫃公司的管理機構是不一樣的。

　　由於台灣電子業發達（近幾年生技產業也開始興起），店頭市場指數幾乎可以視為一個中小型電子股的指數。因此經常出現大盤加權指數與店頭指數相反走勢的狀況，例如店頭漲、集中跌，或集中漲、店頭跌這樣的現象。

這就意味著非電子股（傳產與金融）的整體表現，與電子股之間，出現明顯的強弱兩極化走勢。當資金大量湧進中小型電子，股價超強，非電子族群卻開始破底，導致店頭指數上漲，集中市場指數下跌。

興櫃股票交易

興櫃股票交易體系是2002年元月開始起跑。目的是把未上市股票交易儘可能的納入合法證券體系中。避免經營未上市的「盤商」、不肖騙徒或空殼公司，利用資訊不透明的狀況，衍生許多民刑事糾紛。因此成立興櫃交易制度，等於是「上市上櫃公司先修班」。

可以進行興櫃交易的股票，必須是股票公開發行的公司，然後才能進入上市上櫃輔導掛牌程序，並由兩家以上券商推薦，經櫃檯中心核准在證券商營業處所議價。

興櫃的交易方式不同於上市的競價交易以及上櫃的等價交易方式，作法是由推薦證券商先行報價，投資人參考其報價後，可透過證券經紀商與推薦證券商議價交易；或是直接與推薦證券商議價交易。

 名詞解釋

IPO（Initial Public Offering）
就是透過證券交易所辦理的首次公開發行募集。通常公司在準備上市櫃掛牌時，會舉辦第一次向市場所有投資人公開募集資金的行動，此舉除可增加自有資金，也可達到上市櫃分散股權的法規要求。

◎ 上櫃公司轉上市公司時程

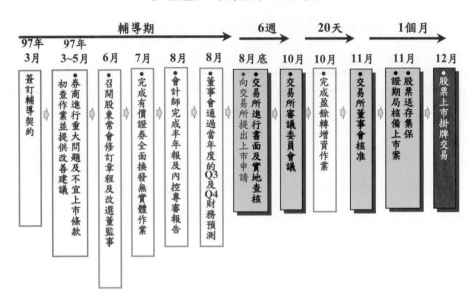

◎ 興櫃股票與上市櫃股票交易方式比一比

項目	興櫃	上市櫃
交易方式	議價點選成交	電腦撮合成交
漲跌幅度	無限制	7%（除新股掛牌前五天無漲跌幅限制）
異常交易處理	可取消交易	不可取消交易

　　由於興櫃掛牌公司，類似上市上櫃之前先修班的狀態，只要修業期滿，資格符合，就可順利畢業，轉為上市上櫃公司。但因興櫃公司來來

去去，所以它並沒有固定的成分股，更不可能組成一個加權指數用來描述這些興櫃股票的整體狀態。

當然，如果修業過程，可能因為財務或業績不理想，不幸慘遭退學；或是始終達不到上市或上櫃條件，有些公司心想無望，又不願每年支付掛牌費用與承銷商的輔導費用，所以就自動下興櫃。當然，也有些爛公司是根本找不到證券承銷商願意繼續輔導，這樣也會下興櫃。通常，下興櫃的股票，股價都會跌得非常慘。

所以，很多人買興櫃股票，會四處打聽哪些興櫃公司正準備申請轉上市上櫃，降低股票變成壁紙的可能，而且一旦要轉上市櫃，通常會出現慶祝行情，因此許多人都會密切注意申請轉上市櫃股票的動向與時程。

此外，興櫃市場有一個非常有趣的特徵，它的整體走勢會落後集中市場與店頭市場，或許可稱為「遞延現象」吧。也就是當集中市場確定已經展開了多頭走勢，興櫃股票通常會在觀望幾天之後尾隨表態，由於沒有漲跌幅限制，此時的瘋狂上漲特別精采。正因這種遞延現象，提供很多有經驗的投資人在興櫃賺錢的機會。

相對的，遞延效果也會發生在空頭時刻。當集中市場出現崩跌，興櫃市場也會先觀望個幾天，確定空頭走勢、

一定要知道的觀念

購買興櫃股票前，最好先打聽哪些興櫃公司正準備申請轉上市或上櫃，降低股票變成壁紙的可能性。

◎ 興櫃股票交易流程

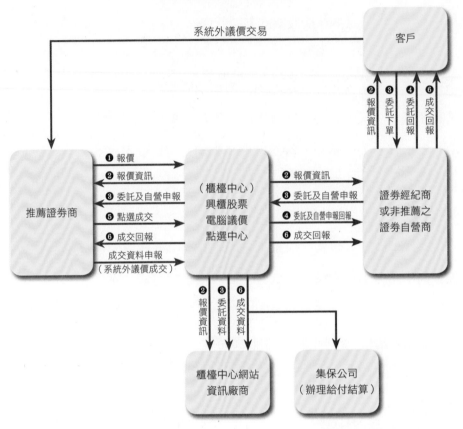

資料來源：證券櫃檯買賣中心

　　苗頭不對，此時，興櫃市場就會開始急速重挫，跑得慢的就會受傷慘重。依照經驗法則，如果大盤加權指數下跌超過10％，興櫃市場就很有可能展開崩跌。此時，敏感度高的人，就懂得不要猶豫，先賣先贏，不然跌幅可能更勝上市櫃公司的股票。

6 認識股票的分類

在財經新聞中偶爾會聽到大型權值股、牛皮股、景氣成長股……等等，這些都是媒體依據投資屬性，給予類似狀況的股票一些有趣的名稱，本節就要來介紹股票實際的分類依據。

股票的類型

台灣上市上櫃公司已經超過1400家，股票形形色色，差異頗大。因此，除了依照產業分類區分成各種類股，市場也習慣依據投資屬性，給予類似狀況的股票一些有趣的名稱，以便於說明。

⊃ 1. 大型股、中型股、小型股

在台灣市場中，股本在100億元以上的股票，可以稱為大型股。30到50億元左右的稱為中型股，10億元以下的稱為小型股。

眼尖的讀者會立即發現，為什麼只是採取約略範圍？因為這只是一種市場粗略的共通看法，不需精確也不能精確，否則如果以30億元作為分界，30億100萬跟29億9900萬，只差200萬，一個是中型、一個算小型，可是兩者真有這麼大的差別嗎？

◎ 股票分類依據和類型

分類依據	類型	
1. 股本規模	大型股	中型股、小型股
2. 產業變化	景氣成長股	景氣循環股
3. 股價高低	高價股	低價股（雞蛋水餃股）
4. 掛牌久遠	新上市股	老牌公司
5. 股性活潑程度	飆股	牛皮股
6. 權利義務優先程度	普通股	特別股

　　此外，各國股市的規模差異懸殊，各國股市的定義也有很大差別。例如60億元以下的美國上市公司，可能還算是小型股。但這樣的規模如果是泰國股市的上市公司，可能就會被歸類成大型股。因此，這種定義只要抓住約略的概念即可。

⊃ 2. 景氣循環股與景氣成長股

　　一年之中，產業會有淡、旺季的分別。如果一家企業能夠打破這種淡旺季的循環，淡季不淡、旺季更旺，然後一季比一季成長，這就是打破景氣循環的景氣成長股。如果還是在傳統的淡旺季循環當中，就稱為景氣循環股。

股票也有大小之分別

⤷ 3. 高價股與低價股

　　高價股絕對是股價超過百元，也就是俗稱百元俱樂部的成員。能

夠成為高價族群，多半是一個明星產業當中，高獲利以及高本益比的個

股，代表它擁有很好的賺錢能力和前景展望。

低價股通常是一個產業當中的二、三線個股，當大環境的景氣從谷底翻揚上來時，這些低價股經過寒冬的考驗，假設沒有陣亡，往往此時就會充滿轉機，股價漲勢也會特別凌厲。

⊃ 4. 新上市公司與老牌公司

很多投資人特別偏好新上市股票，除了股本較小，獲利一好時，每股盈餘會格外的搶眼，動輒一個股本一個股本的賺！正因股本較小，市場籌碼也相對稀少和穩定，法人操作時，只要把**市場浮額**清理的差不多後，就可以讓股價一飛沖天。這就是新上市股迷人之處。

老牌公司也有它的好處，一般來講，台灣的企業平均壽命是12.5年。如果一個50年以上的老牌企業還能夠存活下來，必須經過無數的生死考驗，並且邁入穩定成熟的階段，甚至很可能已經變為產業龍頭。這些老牌企業，多半有穩定的業績與股利，符合許多期盼領取固定孳息投資者的願望。

⊃ 5. 飆股與牛皮股

買到飆股，是絕大多數投資人最樂意見到的事情，在很短的時間內取得相當亮眼的報酬，在賺錢之餘，還多

名詞解釋

市場浮額

是指市場上不穩定的籌碼，可能是玩當日沖銷、做現股價差、或是短進短出、以及不容易長期持有的一般散戶融資持股，這些都是潛在賣壓。通常想要開啟一波大行情，就會讓這些不穩定籌碼提早出場，就是常聽到的「洗浮額」、「洗籌碼」。

了一份成就感和幸運之神眷顧的喜悅。人有個性，股票也有自己的「股性」。飆股比較容易發生在股性活潑的個股上，往往大盤上漲時，這些飆股的漲幅超過大盤。當然，如果大盤下跌時，往往也是乾淨俐落，直接重挫。但是這種敢愛敢恨的特質，也會吸引許多偏好高風險高報酬的投資人青睞。

相對於飆股，很多股票不管大盤漲跌，它就是不動如山。由於波動起伏較小，缺乏投機性買盤，因此股票成交量也多半稀少。這種每日走勢不太震盪，長線走勢也是如蝸牛移動般的股票，就稱為牛皮股。

○ 6. 普通股與特別股

公司發行的股票，享受一般股東權益的叫做普通股，享受特別權益的叫做特別股。特別股通常在配息上享有優先與特別的權利，譬如公司年度盈餘得先發給特別股股息，甚至分享一定分紅比率，剩下的盈餘再由全體普通股股東分配；或者可能是即使公司不賺錢，公司都要固定發放特別股股息，此時的性質就很像是公司債，不管公司盈虧仍然要支付債券利息。

當然，有些特別股也有權利上的限制，例如不一定享

一定要知道
的觀念

高價股族群，多半是一個明星產業當中，高獲利以及高本益比的個股，代表它擁有很好的賺錢能力和前景展望。

有股東投票表決權。當然，也有些特別股是可以在某些條件下轉換成普通股，例如約定一定期間以後，當普通股股價來到多少元之上就可以轉換。總之，一切得看特別股發行條件。

為了有效規範，避免公司濫發特別股以致侵害普通股股東的權益。公司法157條規定，必須在公司章程明訂特別股的種類與權利義務範圍。當然，如果公司債信不佳或營運能力不足，就不能公開發行具有優先權利的特別股。

Chapter 2

開始買賣股票囉！

1 買賣股票的流程

2 如何選擇優質的券商和營業員？

3 開戶的資格和手續有哪些？

4 如何下單買進股票？

5 投資股票的成本怎麼算？

6 小錢也可以買股票—零股該怎麼
買賣？

1 買賣股票的流程

小源剛從美國學成返台，想要投資台股。但是，各國
股票交易制度不同，小源想知道台股買賣交易流程。

台灣上市櫃股票的買賣交易，從投資人委託證券經紀商下單買賣，
到完成款券的**交割**，一共是 3 個營業日。如果是周五下單，因為周六、
周日休假，所以得等到下周二當天，才會收到款券。專業上稱下單日為T
日，T+2日會完成股款和股票的交付，賣股票的人會收到現金匯入銀行帳
戶，買股票的人會收到證券劃撥進來的股票。

不過，受到2008年國際金融海嘯的影響，政府擔心投資人拖到第三
個營業日下午 3 點30分前，還遲遲不交付股款，導致市場違約風險加大
且無法提早因應。因此，自2009年 2 月 2 日開始，要求股款交割截止提
早至第三營業日的早上10點前必須完成，如果逾時未能完成扣款，券商
將申報違約交割。因此，券商多半會在第二個營業日收盤前，以電話提
醒投資人在下午 3 點30分前，就把交割款存入，也就是T+1日就要把股款
存入。

◎ 證券下單T日當日流程

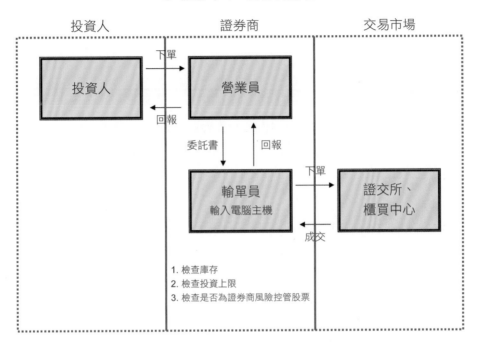

| 投資人 | 證券商 | 交易市場 |

投資人 ──下單──→ 營業員
營業員 ──回報──→ 投資人

委託書 ↓　回報 ↑

輸單員
輸入電腦主機
──下單──→ 證交所、櫃買中心
證交所、櫃買中心 ──成交──→ 輸單員

1. 檢查庫存
2. 檢查投資上限
3. 檢查是否為證券商風險控管股票

　　由於現在上市櫃股票實施證券無實體化的措施，因此投資人不會拿到股票，餘額顯示在證券集保存摺當中。當然，也免去以前投資人拿到假股票的麻煩。

　　不過，股票登記載入買進客戶的集保存摺時間還是T+1日。賣出者也是T+1日扣帳。如果手上是拿實體股票賣出，2003年5月起，必須在成交當天（T日）中午12點以前，攜帶交割股票、集保存摺、股票印鑑證明、留存印章與股票印章等，存進集保帳戶。

 名詞解釋

交割
股票買賣成交之後，買方必須繳交股款及交易費用，然後取得股票。賣方也要交出賣出的股票，領取扣除證交稅及交易費用後的現金。

股票交易時間與方式

台灣證券市場交易時間,是從周一到周五。撮合成交的時間,則視交易性質而有不同。一般交易是從9:00到13:30,一盤到底。每天開市時,採開盤前30分鐘(8:30至9:00)的下單交易集合競價來決定開盤價。收市則採最後5分鐘(13:25至13:30)集合競價決定收盤價。

成交優先順序是採取價格優先、時間優先為決定原則。也就是較高買進價格的委託,優先於較低買進價格的委託;較低賣出價格的委託,優先於較高賣出價格的委託。

不過,當幾筆單子的委託價格相同時,開市前委託優先於開市後委託,同為開市前之委託,則依電腦隨機排列。如果都是9點鐘開市後的委託,則是依照委託時間先後,決定優先順序。因此,很多急著買進或急著賣出的人,會搶先在開盤前掛好單。碰到股票連續多天跌停且預期還會持續,唯一的作法也是在開盤前趕緊搶掛,看看電腦能不能優先選到你的賣單。

興櫃股票的交易時間比較特殊,沒有盤前預掛。因為投資人是直接與推薦證券商議價交易,雙方談妥即可交易,或者是透過櫃檯中心的興櫃股票電腦議價點選系統議價成交,因此,交易時間是從9:00到15:00。零股交易則是13:40到14:30掛單,14:30時進行集中撮合成交。

台灣上市櫃公司的股票,是以1000股為一張。買賣股票時需以1000股為一個單位,也就是一次決定要買多少張。

在買賣價格上，高低價位股票，每檔升降價格單位是有差異，10元以下的股票，每單位跳動是0.01元。10元到50元的股票是0.05元，50到100元的股票升降單位是0.1元，100元到500元的股票是0.5元。500元到1000元的每單位升降是1元。1000元以上是5元一個跳動級距。

當然，這是股票部分的升降級距，如果買可轉換公司債、或是ETF等指數型基金，升降單位的規定又有不同。

漲停板或跌停板價格，雖然是以前一天收盤價的漲跌7％計算。但是因為升降單位的緣故，有時候漲跌停板的幅度其實不到7％。例如某檔股票前一天收盤價為40.5元，隔日漲跌停板應該是43.335元（40.5*107％）與37.665元（40.5*93％）。但因10元到50元之間是以0.05作為一個級距，因此，漲、跌停板價格只能是43.30元與37.70元，均略小於7％幅度。

股票交易完畢，到了月底，券商會寄發對帳單。依照規定，應該在次月十日之前郵寄給投資人。如果當月交易超過5000萬元者，需要以雙掛號寄給客戶，如果使用電子郵件帳單者，也必須收取客戶的電子回條。

一定要知道的觀念

現在上市櫃股票實施證券無實體化的措施，因此投資人不會拿到股票，餘額顯示在證券集保存摺當中。當然，也免去以前投資人拿到假股票的麻煩。

◎ 證券委託與撮合時間

各項交易名稱		委託時間	撮合成交時間	申報價格限制
1.一般交易		8:30-13:30	9:00-13:30	前一營業日收盤價格上下7%幅度內，限價委託。
2.盤後定價交易		14:00-14:30	14:30	當天收盤價格
3.零股交易		13:40-14:30	14:30	前一營業日收盤價格上下7%幅度內，限價委託。
4.鉅額交易	逐筆交易	09:30-09:50	09:30-09:50	盤中申報價格：當時成交價上下3.5%，不得超過當日漲跌停價格。
		11:30-11:50	11:30-11:50	
		13:35-13:50	13:35-13:50	
	配對交易	09:30-09:50	09:30-09:50	盤後申報價格：收盤價上下3.5%，但可以超過當日漲跌停價格。
		11:30-11:50	11:30-11:50	
		13:35-17:00	13:35-17:00	
		（採T日交割者至13：50）	（採T日交割者至13：50）	
5.拍賣		15:00-16:00	16:00以後	除公股釋出外，以前一營業日收盤價格上下15%幅度為範圍。
6.標購		15:00-15:30	15:30以後	標購前一營業日收盤價格上下15%幅度。
7.中央登錄公債及外國債券		9:00-13:30	9:00-13:30	
8. 興櫃市場		9:00-15:00	9:00-15:00	無升降幅度的限制

資料來源：台灣證券交易所與櫃檯買賣中心

◎ 申報買賣價格之升降單位

最低股價	最高股價	股票、債券換股權利證書、受益憑證、存託憑證、外國股票、新股權利證書、股款繳納憑、附認股權特別股證等	認購（售）權證	轉換公司債附認股權公司債	股票指數型基金（ETF）、受益證券（REITs）
0.01元	5元	0.01	0.01	0.05	0.01
5元	10元		0.05		
10元	50元	0.05	0.1		
50元	100元	0.1	0.5		
100元	150元	0.5	1		0.05
150元	500元			1	
500元	1000元	1	5		
1000元	以上	5		5	

資料來源：台灣證券交易所

2 如何選擇優質的券商和營業員？

蔡媽下單喜歡一張、兩張的買，營業員對她愛理不理，也沒有其他資訊服務。蔡媽想換券商，她想明白好券商會提供哪些服務？

　　很多人把證券商稱為「號子」，事實上，號子的業務，只是綜合證券商不到三分之一的業務。一家綜合證券商，必須包括：承銷、自營、與經紀三大業務，號子是指供投資人看盤和下單的經紀業務據點。當然，也有專業證券商，只專門從事經紀業務，資本額規模就小多了。

　　一家大型券商還會有債券、新金融商品、國際業務、股務代理、研究等部門。因此，要選一家好的券商，當然是從消費者的角度來看，看看能不能提供豐富多元的綜合服務。券商營業據點多不多、規模大不大，我覺得並不是重點，畢竟一般人並不會一天到晚跑號子。

好券商應具備的條件

對投資人有利的券商才是個「好券商」。依照我個人從業界的角度來看，下列條件如果符合項目越多，就越是可以滿足投資人的好券商：

① **手續費折扣超級低廉，而且三不五時舉辦優惠促銷活動。** 等於享受大戶級的福利待遇，A越多當然越好。

② **融資融券利率低廉，且額度取得方便，** 不會想放空時找不到融券。

③ **營業員才德兼具。** 營業員專業熱情，能夠幫助客戶解決疑惑。很多投資人對於買賣標的並不清楚，營業員可以提供初步的資訊。又如碰到融資斷頭、嚴重超買等危機時刻，能夠提供一些專業作法建議。

④ **下單管道順暢便利。** 營業員接單動作迅速；如果是語音或網路下單時，操作介面必須簡單方便，有些券商資訊系統不好，故障頻頻；有些券商風險控管單位設計了太過礙手礙腳的操作機制，這些都會造成投資人的困擾。

⑤ **買賣建議精準有效。** 券商研究部門推薦的股票，喊水會結冰，顯現這些券商的研究功力與客戶基礎的強大。

⑥ **主辦承銷案較多。** 承銷案辦得多，客戶就有機會認購IPO新股，或是SPO的現金增資股票與可轉換公司債。

⑦ 產品完整、一次購足。例如囊括港股、美股、基金、期貨、債券等不同區域或型態的投資商品。

手續費是最值得關切的部分。一般公定標準是千分之一點四二五。但是在經紀業務競爭激烈的現在，各家券商紛紛提供折扣誘因，吸引投資人。市場有所謂「退五、退六、退七、退八、甚至退十」的說法。所謂退八，就是退還客戶千分之零點八的手續費，只收千分之零點六二五，等於是打四折。目前有券商打出下單二八折，也就是退十，等於是大戶級的優惠，相當划算。

或許善良的你，會擔心手續費殺到見骨，那券商還吃什麼？會不會最後倒閉關門啊？這點可別擔心。券商最希望客戶上門開了戶，往來一段時間，未來還有機會進一步做融資融券的信用交易，融資融券的利息，才是證券商最垂涎的地方。當然，生意是長長久久的，只要客戶上門，未來還有機會推銷一些基金等商品給你。所以，手續費儘量要求低一點，千萬別客氣。

名詞解釋

SPO
次級市場籌資（Secondary Public Offering）。集中與店頭市場稱為次級市場，企業在上市上櫃掛牌之後，向投資大眾公開募集資金。SPO的籌資工具就比IPO豐富的多，包括：現金增資、可轉換公司債（CB）、海外可轉換公司債（ECB）、海外存託憑證（GDR，在美國發行的則稱為ADR）等。

3 開戶的資格和手續有哪些？

美萊看到一堆同事買股票賺了錢，有的人到處血拼，有的人存到旅遊歐洲的費用，有的人開始繳房貸，讓她心癢癢的。

在台灣，證券開戶算是相當迅速便利。只要準備身分證正本，以及駕照、健保卡等任一種身分證件作為佐證，就可以辦理。可以親自到證券商營業櫃檯辦理，也可以跟券商營業員預約開戶，非常方便。

開戶作業依照身分不同，有七種類別，包括：1.自然人、2.未成年人、3.國內一般法人、4.證券商內部人員、5.大陸人士、6.全權委託投資帳戶（俗稱代操專戶）、以及7.其他類別帳戶類別（例如境內外華僑、外國人等）。要求準備的資料略有不同。

一般帳戶開戶資格

一般民眾會開立的帳戶，以自然人帳戶為主。申請資格必須年滿20

名詞解釋

全權委託投資帳戶

「全權委託投資」也就是俗稱的「代客操作」，是由投資人（委任人）將一筆資產（可包含現金、股票或債券）委託投顧/投信公司（受任人），由投顧/投信公司的專業投資經理人依雙方約定的條件、投資方針、客戶可忍受的風險範圍等進行證券投資。全權委託投資在資產的投資運用與保管係採分離制，投顧或投信公司並不負責保管受託資產，受託資產是由投資人自行指定保管機構（如銀行）負責保管並代理投資人辦理證券投資之開戶、買賣交割或帳務處理等事宜，以確實保障投資人權益。

歲的中華民國國民。依照法規要簽訂的九種契約，包括委託買賣受託契約書等。因為單純的證券交易，後面牽涉到許多機構，包括證券交易所、櫃檯買賣中心、證券集保中心、銀行、證券商等交易相關機構。看起來很多、很複雜，要簽很多名，不過別擔心，現在經過簡化，開戶動作一兩個鐘頭就可以完成，很快的！

在早期，這些文件每件都要簽名，很多投資人會越簽越害怕，深怕自己被設計而吃虧。其實這點倒不用擔心，因為契約是已經定型化的標準版本。只是格式上略有不同。更好的是，現在大多數的券商已經大幅簡化手續，把各種開戶契約彙總成一整本文件，投資人只要親自在封面或封底結尾處，簽名就好，表示同意裡面所有的契約，簡單迅速。

如果未滿20歲的國民想開戶，則須加填法定代理人同意書，由監護人雙方簽章。滿7歲的委託人，必須跟監護人同時簽名蓋章，7歲以下可由監護人代簽。此外，還要攜帶委託人及監護人的身分證正本和印章。如果委託人沒有身分證，可以戶口名簿或戶籍謄本替代。

投資人在同一家券商的同一營業處所，只能開立一個交易帳戶，但如果是**全權委託投資帳戶**（俗稱代客操

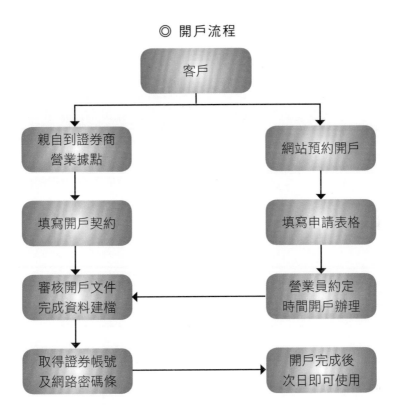

◎ 開戶流程

作），就不在此限。台灣的規定算是相當人性，甚至有點浮濫，一個人有十幾個戶頭的，也大有人在。在國外某些國家，有些嚴格到規定一個人只能在一家證券商開戶，如果想換券商，就得先銷戶，再去新的證券商開戶。這部分各國作法有很大不同。

4 如何下單買進股票？

小鈴是個上班族，透過公司電話或是電腦網路下單，都很不方便。小鈴最近辦了3G電信門號，可以透過手機一邊看盤一邊下單。小鈴說：感覺輕鬆多了。

五種股票下單方式

科技越來越進步，股票交易方式也越來越多元。投資人可以依照自己方便的方式，使用下列五種方式進行交易：

① **當面委託下單**。親自到證券商的經紀據點營業櫃檯下單。

② **電話下單**。透過電話撥給營業員下單；或是使用傳真、電報下單。

③ **語音下單**。利用電話語音的提示，以電話按鍵操作下單。

④ **網路下單**。透過電腦進入網際網路，進行網路下單。

⑤ **行動下單**。透過手機IC晶片下單，可以是手機連上網際網路後下單，或以電話簡訊下單。

◎ 完整的網路平台提供客戶一次購足的需要

資料來源：永豐金證券

　　下單方式日新月異，除了傳統跑號子與打電話的下單方式，2000年
開始，網路日漸普及，各家券商也積極推動的電子交易網路下單，頗受
上班族、家庭婦女與學生族的歡迎，券商則可節省營業據點的營業員人
數與成本。

近年來為因應手提電腦四處移動的需求，券商也跟電信業者合作，大力推廣3.5G無線高速上網，也頗受歡迎。不過，投資人得先付費申請一個3G門號，除了一般打電話的語音費用外，並且得支付數據傳輸的費用。

此外，2008年開始，伴隨智慧型手機的崛起，手機下單也快速發展。對於很多不方便用公司電腦下單的上班族來說，手機下單格外受到歡迎。為了大力促銷，許多券商提供新款手機購機優惠吸引投資人。

只不過手機下單，必須使用3G手機與3G門號。投資人若要使用，得先去中華電信、台灣大哥大、遠傳等電信公司的營業櫃檯，免費申請把傳統2G門號改為3G門號，原先號碼可以繼續使用。下單手機，也得使用下單軟體能夠相容的一些手機型號，這些都得特別留意。

⊃ 電話下單過程皆有錄音

值得注意的是，電話交易時，券商依照法規會進行錄音。因此投資人在電話委託時，「買或賣」、「股票名稱」、「價位」、與「張數」，一定要講得非常清楚，因為發生錯帳時候，這是投資人與證券商之間劃清責任的關鍵。當然，既然電話上有錄音，一些「五四三」的八卦對

一定要知道
的觀念

下單買進股票時，有兩種方式可以選擇：
① 限價交易
係指委託人限定價格，委託證券經紀商為其申報買賣，其成交價格，於買進時，得在其限價或限價以下之價格成交；於賣出時，得在其限價或限價以上之價格成交。
② 市價交易
未指定買進或賣出的價格，依當時市場公開交易的價格撮合買賣，稱為市價交易。

話，甚至是內線訊息，最好別在下單電話上閒聊。

◎ 證券公司電子交易手續費折扣

公司名稱	折扣	網址
亞東證券	2.3折	http://www.osc.com.tw/
大昌證券	2.5折	http://www.dcn.com.tw/
太平洋證券	2.8折	http://www.nettrade.com.tw/
台灣工銀證券	2.8折	http://www.ibts.com.tw/
新光證券	2.8折	http://www.skis.com.tw/
台銀證券	3.5折	http://www.twfhcsec.com.tw/
大展證券	3.6折	http://www.tachan.com.tw/

註：各券商優惠依實際公告為準

5 投資股票的成本怎麼算？

「股票不要短線殺進殺出啦！你快進快出，光是一年的交易稅和手續費，都快吃掉10%的本金！」「呵呵，政府跟券商應該要好好感謝我啦！」

買進賣出都有手續費

一張股票從買進到賣出，要繳交兩筆交易手續費，和一筆證券交易稅。買進時，依照股票價格繳交千分之一點四二五的手續費。賣出時，則要繳交千分之三的證券交易稅，以及千分之一點四二五的手續費。

由於證交稅及手續費到小數點的部分，將無條件捨去，也算是嘉惠投資人。

舉例來說，假設Terry半年前買進一張每股50元的台泥，他買進的成本是多少？今天他以每股61.5元賣出一張，他共付出多少投資成本？

Terry買進台泥時每股單價為50元，付出手續費71元(50元X1000股X0.001425=71.25元)，賣出時付出手續費87元(61.5元X1000股X0.001425=87.63元)，證交稅184元(61.5元X1000股X0.003=184.50元)。所以Terry的買進成本為50,071元，賣出成本為87+184=271元。

◎ 股票交易手續費與證交稅計算

買進

買進成交金額X買進股數X0.001425=買進手續費

50元X1000股X0.001425=71.25元

買進成本為50元X1000股+71.25元=50,071元

賣出

A. 賣出成交金額X賣出股數X0.001425=賣出手續費

B. 賣出成交金額X賣出股數X0.003=證交稅

A. 61.5元X1000股X0.001425=87.63元

B. 61.5元X1000股X0.003=184.50元

賣出時共收到61.5元X1000股-87元-184元=61,229元

賣出投資成本為87+184=271元

　　如果是從證券交易市場買進其他證券，例如：可轉換公司債、認股權證、基金或是REITs等不動產受益憑證，這些商品的手續費和證交稅則與股票略有差別，甚至稅率為零。

　　在投資上，很多人說短進短出賺不到大錢，事實上，光是證交稅與手續費就會吃掉一部分的報酬。因此，如果可能的話，儘量跟證券商爭取比較優惠的手續費折扣，也稱為「退佣」。盡量爭取高比率的退佣，這是投資人一定要做的。

　　在信用交易上，融資融券的利息及手續費，則要看各家券商的規

定，每家不同。不過，投資人如果夠聰明，最好起息日能從禮拜一開始。如果碰到一連好幾天的長假，起息日最好能從假期結束才開始。

舉例來說，假設2010年7月1日（周四）融資買進，次兩個營業日（T+2）交割，也就是7月5日（周一）是起息日。如果是6月30日融資買進，很不幸的，當天是禮拜三，起息日會從周五開始，等於周六、周日兩天的利息錢也要支付。這種差一天利息多幾天的問題，最需留意的就是類似農曆春節長假，一連休個十天，那就得更加注意。

◎ 證交所各類商品手續費與證交稅率

	手續費	證券交易稅
股票	0.1425%	0.3%
可轉換公司債	0.1000%	零
認股權證（或認售權證）	0.1425%	0.1%
基金（封閉式或指數型基金）	0.1425%	0.1%
不動產投資信託之受益證券	0.1425%	零

6 小錢也可以買股票——零股該怎麼買賣？

零股買賣是在盤後進行交易，以集合競價方式一次撮合。因此買賣雙方只能在13:40到14:30之間，決定買賣數量，並選定一個價格，下好離手。然後靜靜的等待14:30撮合完畢，券商回報交易結果。

沒錢買一張？那就買一股吧

台灣證券市場買賣股票的單位是1000股（或稱 1 張），如果投資人要買賣的數量不足1000股，就稱為零股。零股買賣以 1 股為單位，可以一次交易10股或20股，也可以是251、252、253……股，當然也可以是999股。

零股主要來源，絕大多數都是投資人參與除權或現金增資之後，領到的股子股孫。當然，也有一些人專門從事零股買賣交易。當你手中有了零股，如果想要處分，到底是要直接賣掉，還是買進零股來補足一張後再賣，就考驗投資人的智慧。

◎ 零股買賣交易時間與方式

	說明
買賣申報時間	星期一至星期五每日13：40至14：30。
申報買賣價格	以當日個股開盤參考價上下 7%為限。新上市股票如掛牌後首五日於普通交易採無漲跌幅限制者，其零股交易該段期間申報買賣價格也沒有漲跌幅限制。
競價方式	申報日14:30以集合競價方式一次撮合成交。
撮合原則	依價格優先原則。如果是同價位的申報，依電腦隨機排列方式決定優先順序。
成交傳輸回報	申報日14:30撮合後，即以電腦自動傳輸回報給證券商。

零股交易的作法，與一般股票交易方式還是存有一些差異。這些自成一格的特色，也造就了一些專攻零股交易的高手。

零股買賣是在盤後進行交易，以集合競價方式一次撮合。因此買賣雙方只能在13:40分到14:30之間，決定買賣數量，並選定一個價格，下好離手。然後靜靜的等待14:30撮合完畢，券商回報交易結果。

一定要知道的觀念

如果零股的價值不到14,040元（20除以0.1425%），手續費佔本金比重就會明顯偏高。而且隨著零股價值越小，手續費比重也相對越大。

錢少怎麼買股票

65

零股交易最大特點，流動性不如一般股票

　　如果股票略嫌冷門，往往零股掛了很久，都不見得能夠成交。這樣的特性，會迫使想賣的人為了儘速成交，掛出比當天收盤價低的價錢，只求早點賣掉，省得礙眼。因此，也締造了零股買家獲利的空間。特別是當股市交易量冷清時，零股賣盤的折價空間會更明顯，也加大零股專家的獲利空間。

　　由於一般券商規定，手續費不滿20元時，仍以20元計算。所以，如果零股的價值不到14,040元（20除以0.1425%），手續費佔本金比重就會明顯偏高。而且隨著零股價值越小，手續費比重也相對越大，甚至出現零股價錢比手續費還便宜的狀況。

　　此外，行情不好時，零股容易買到而不容易賣掉；相反的，股票行情好的時候，零股容易賣掉而不容易買到。因此，當行情不好時，如果零股掛賣卻一直賣不掉，此時，就得考慮是不是反向先買進零股，補足成1000股（一張）之後，再整筆賣出。

Chapter *3*

聰明選對賺錢股票

1 如何挑選我的第一支賺錢股票？

2 篩選賺錢股票的方法

3 什麼時候該進場買股票？

4 配股配息對股價的影響？

5 如何挑選要長期投資的股票？

6 如何挑選要短期獲利的股票？

1 如何挑選我的第一支「賺錢」股票?

布萊恩跟著朋友到號子剛開完戶,看著電視牆上跳動閃爍的股票價格,上千檔股票,不知從何下手?該買哪一檔呢?

新手選股兩大策略

好的開始,是成功的一半。新手進場,毫無概念,也不知從何下手。想挑選第一檔賺錢的股票,討個吉利,最好先從每日成交金額大的集團股或產業龍頭股開始,藉以熟悉股市的基本脈動。

⊃ 策略1:選擇成交金額大的股票

每日成交金額(成交值)或是成交張數(成交量)較大的股票,代表交易活絡,人氣旺。人氣聚集的股票,股價走勢比較活潑,資訊也相對較為充分,就算不是當日起伏較大,幾天之內上下震盪的機會也相對較高,投資人買了之後比較容易脫手。

更重要的是,人氣旺,代表市場存在高度共識,題材也相對較多。

就像在河邊釣魚一樣，釣客多的地方反而魚多。如果不想擠熱鬧，跑到釣客少的地方，很奇怪的，沒人跟你爭，卻很難釣到魚，只能枯坐冷板凳。這是因為：魚多的地方才吸引釣客。同樣的，比較有題材的股票，才會吸引投資人搶進追逐。新手先找每日成交金額相對較大的股票下手，也比較能夠了解市場在想什麼。

 釣客多的地方反而魚多

選擇人氣股，可以參考以下幾種資訊。這些資訊在各種財經網站上都很容易找到。

通常成交量（張數）或成交值（金額）較大的股票，多半是集團股

◎ 篩選人氣股的依據

資料	目的
1. 每天成交值或量，排名前20名	了解資金熱度與走向
2. 三大法人每天買賣超前20名	觀察法人看法
3. 融資融券每天增減前20名	了解市場主力或散戶動向
4. 漲跌停板個股	從個股觀察強勢族群為何
5. 股價創新高的個股或類股指數	判斷哪些是領漲個股與族群
6. 每日周轉率排行	持續增溫與籌碼是否失控

名詞解釋

系統性風險

投資風險可分成系統性風險和非系統性風險兩種。系統性風險是指股市的整體風險，所有或幾乎所有股票都會受到影響，例如中共飛彈試射等政治風險、亞洲金融風暴或美國次級房貸風暴等經濟風險、或總統大選之後。

或產業龍頭股，或是一些目前炙手可熱的題材股。對新手來說，選擇上更可以偏向集團股或產業龍頭股。為什麼？因為新手不明白股市險惡與操作技巧前，買這類股票相對可靠，而且，投資獲利機會與報酬率，其實不見得會比其他中小型股票少，但投資風險卻相對較低，至少不用擔心成為壁紙。例如台積電、鴻海、友達、國泰金、中鋼、台塑等，這類重量級企業具有國際級的競爭力，財務、業務、研發、人才等，各方面都是一等一。

當大盤上漲時，這些成交量大的股票，容易領先上漲；大盤下跌時，也比較抗跌。即使碰到台海危機或兩顆子彈之類的大盤**系統性風險**，不幸重挫，只要擺上一段時

間，加上配股配息，解套乃至獲利的機會都不小。

這些重量級股票名單，可以參考「台灣50」的成分股。台灣50指數是台灣證交所與**英國富時指數公司（FTSE）**合作編製。儘管每季會微調一次，但入榜者，幾乎是台灣前五十大市值公司，自然也成為外資進場時的優先考慮名單。此外，這些股票合計約占台股總市值的七成，除了玩台灣指數期貨的投資人，也得密切注意。至於最新成分股名單，可至台灣證券交易所網站查詢。

◎ 臺灣50指數成分股怎麼查？

1. 進入臺灣證券交易所網站首頁(http://www.twse.com.tw/ch/index.php)

2. 將滑鼠移至左二「交易資訊」標籤，然後可看到下拉選單

3. 將滑鼠移至第三行「與FTSE合作編製指數」，然後可看到下拉選單

4. 點選第二個選項「臺灣50指數當日成分股」即可看到臺灣50指數成分股票

➲ 策略2：選擇各產業中的龍頭股

另外一種方式，就是雖然不從成交活絡的角度來看，但仍以各產業類股的龍頭股優先考慮。譬如你看好未來水

名詞解釋

英國富時指數公司（FTSE）

全球知名的指數編製公司，設計類似美國道瓊工業指數或台股加權指數等各種不同的指數，例如富時全球股票指數系列、倫敦富時指數等，作為投資分析、操作績效衡量、資產配置等功能。此外，摩根史坦利資本國際公司（MSCI）及標準普爾公司（S&P）也是著名的指數編製公司，都設計了許多全球、區域或產業的指數，亦為高度使用。

泥產業的需求，當下這些水泥股股價偏低、但成交量也不多，可是覺得買來相對安全、未來漲幅可期，因此，就可以在水泥類股中，鎖定這產業的龍頭股台泥與亞泥。類似的狀況，譬如航運股中，就找長榮、陽明與裕民。半導體製造當中就選台積電。面板族群中就選奇美電或友達，以此類推。

所謂的「龍頭」定義，可以指的是營收規模最大的公司，也可以是長期獲利表現最好的公司。

或許讀者會問，為什麼新手不適合先買產業當中二、三線的股票？那是因為產業景氣好時雖然容易超漲，特別是股市末升段，中小型股表現最靚，往往連續跳空漲停。但是萬一追得太高，很容易就住進「總統級套房」。更慘的是，當景氣循環開始步入衰退，部分體質較差的公司，萬一熬不過景氣煎熬，最終股票變成壁紙。假設萬幸留下小命，但元氣已經大傷，光要體質重新恢復就需要很長的時間，此時，投資人抱股再久，翻本之日也是遙遙無期。

因此，新手最好不要耍花俏，先求穩，再求勝，買些中規中矩的好股票，等到有些心得經驗，慢慢形成自己的操作風格與邏輯之後，再把投資觸角慢慢擴大到複雜度較高的二、三線中小型股。

新手買進賺錢股票的祕訣

2 篩選賺錢股票的方法

「這麼多公司的股票，眼睛都看花了，還是不知道該
買哪一檔。」「不要急，選股是有程序、有步驟的，
我慢慢教你。」

　　股票該怎麼選？不論是法人還是一般散戶、投資老手還是新手，這
問題永遠都很難。法人的作法，可分成「由下而上（Bottom-up）」與
「由上而下（Top-down）」兩大分析方式。

「由下而上」選股，從個股著手

　　由下而上的方式，是先從個股分析開始，然後再確認產業面的整體
情況，最後再檢視總體經濟的各項因素。這種作法，強調找到「對的股
票」，是非常重要的第一步，只要產業與總體經濟都還可以，就可以買
進。很多資深的法人或投資人，會採用這樣的概念，尋找買進標的。

◎ 由下而上選股步驟

第一步：
初步選股

1. 每天收盤後，快速瀏覽一遍1000多檔上市櫃公司的股價走勢圖，列出表現特別強勁的個股名稱。
2. 刪除股價雖大漲但成交量太少（每日成交張數少於1000張）的股票。
3. 圈選範圍可能是30到50檔。

第二步：
鎖定標的

查閱入選公司的業績概況，最後把焦點集中到 3 檔到 5 檔以內。篩選條件包括：

1. 基本面：營業收入走勢、歷年獲利與今年預估獲利、未來公司成長動能、公司潛在利多或隱憂。
2. 籌碼面：三大法人與融資融券近期動向。
3. 技術面：技術型態與技術指標相對位置，推算技術壓力與支撐。
4. 公司與其老闆風評：了解這檔股票可否信賴，是否曾坑殺投資人。看到缺乏誠信的公司，就要閃得快。
5. 依照基本面與技術面，預先推算上漲目標價格，並預估可容忍的下跌風險。

由下而上選股，
共有5個步驟喔！

第三步：

產業現況
與趨勢

了解決選標的所屬產業的整體狀況：

1. 產業淡旺季走勢。

2. 產業波動是否異於平常軌跡：如淡季不淡或淡季更淡；旺季不旺或旺季更旺。

3. 產業重大變化：業界購併或倒閉促使產業秩序重大整合、劃時代的新技術與新應用出現、打破產業循環進入新的成長期。或是成熟產業邁向衰退乃至消失。

第四步：

總體經濟
走勢

1. 全球終端消費市場景氣變化：美歐等主要消費市場，金磚四國等新興國家市場景氣變化。

2. 全球原物料市場景氣變化。

3. 全球資金流向與外匯市場變化。

4. 強權國家的重大經貿與財政政策是否有重大調整。

第五步：

下好離手

1. 層層篩選後，找到「對的公司」，並確認在「對的產業」與「對的大環境」，如此投資勝算較大。

2. 分批進場，逐步建立持股部位。

「由上而下」選股，從整體經濟著手

至於「由上而下」的方式，則是先思考整體經濟發展趨勢，然後選擇可能受益的產業，再挑選當中最好的個股，這是一種考驗投資邏輯思考的有趣方式。例如：如果總體經濟成長，就選獲利最大的產業與個股。相對的，如果是衰退，難道投資人就放棄休息了嗎？不，一定會有受益的產業與公司，投資人就必須把它們找出來。

以九一一事件到伊拉克戰爭開打為例。很多人都擔心全球景氣衰退，股市債市雙空，難道真的是投資界的末日來臨嗎？投資人可得動動腦，凡事都有一體兩面，大家受害，一定還是有人會受益，就看投資人想不想得到。

各項經濟指標與股市漲跌的關係

景氣會有繁榮和衰退的多空循環，股市反應景氣，自然也有高低循環。因此，所有投資人都會想要明白目前處於景氣循環的位置，特別是頭部與底部。如果已經來到循環的山頂位置，也就是頭部，此時就需要提高戒心，追求報酬之際，風險意識得要快速提升。如果是位於底部，此時也要開始積極佈局，讓財富伴隨景氣復甦而同步大增。

○ M1B年增率

有三項總體經濟指標，對於研判股市頭部或底部，具有高度參考價

◎ M1B與台股加權指數走勢比較

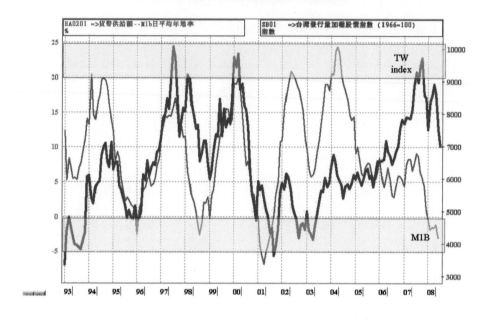

資料來源：台灣經濟新報

值。第一種是貨幣供給額M1B年增率。M1B代表股市資金動能，市場資金越多，市場資金要尋找去處，股市上漲的機會就越大；反之亦然。基本上，M1B年增率的用法有兩種，一種是顯現多空趨勢，另一種是用來研判可能是頭部或底部。

M1B與股市的趨勢相關性很高，這是提供長線趨勢研判的參考。但是M1B年增率不可能無限上揚，否則到處錢

名詞解釋

M1B

M1B＝M1A（通貨淨額＋支票存款＋活期存款）＋活期儲蓄存款

「由上而下」選股，從整體經濟著手

滿為患，可能就會引發通貨膨脹，危及一般民生，因此，此時央行就會開始設法回收市場浮濫資金。由於M1B年增率理論上應該是在一個區間之內波動，如果來到20以上，就表示股市可能攀升到相對高點，這時就要開始留意賣點。如果跌到0以下，就表示股市已來到低檔空間，可以開始尋找股票的長線買點。

⊃ 美國ISM製造業指數

第二種是美國ISM製造業指數。這個指數是美國供應管理協會（Institute for Supply Management）編制，是個非常有影響力的指數，它是每月直接調查250家美國重要企業的採購訂單、價格與就業等狀況。指數在50以上表示景氣擴張，50以下表示衰退。由於美國是台灣電子科技的主要銷售市場，因此美國的訂單狀況，與台灣業者的整體營收業績連動程度就很高，等於是基本面的領先指標，當然也對台股大盤指數連動性很高，特別是電子類股指數。

因此，我們會注意到某些時候ISM製造業指數下跌，台股指數卻上漲，這是因為此時台股領漲者，可能是由中概、傳產、或金融與資產股領漲，這些族群與美國景氣連動程度較低，但是不論如何，ISM製造業指數對於瞭解美國景氣、美股投資、以及全球景氣的趨勢變化，還是有非常高的價值。

◎ 美國ISM製造業指數與台股加權指數

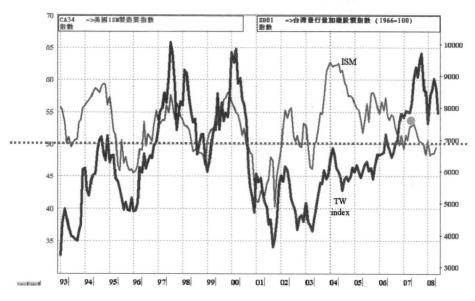

資料來源：台灣經濟新報

⊃ 季K線與季GDP成長率走勢

　　第三種是季K線與季GDP成長率走勢。很多人都想知道，一年當中台股的走勢是先上後下或先下後上的走勢可能。大華投顧董事長杜金龍的實證研究發現，台灣每季GDP成長率的走勢與台股每季的走勢有很大的關連性。例如主計處發佈2009年各季數值，四季分別為-9.06％、-6.85％、-0.98％、+9.22％，趨勢是一路轉好。

　　我們也可以發現台股四季的走勢，的確也是一路上漲。2008年底的收盤指數為4591、接下來2009年各季季末的大盤收盤指數為5210、

◎ 台股加權指數季K線與每季GDP成長率走勢

（民國86年至97年）

資料來源：大華投顧董事長杜金龍

**一定要知道
的觀念**

GDP（Gross
Domestic Product）
就是「國內生產毛
額」。台灣官方的國
民所得資料，由行政
院主計處負責調查。
它是指一國國境內在
一定期間內所生產出
來，提供最終用途的
商品與勞務之市場價
值。

6432、7509、與8188點，是不是每一季都在漲？因此，季
GDP成長率的確是具有很好的參考意義！可以為投資人在
心中勾勒出一個台股走勢的藍圖。

3 什麼時候該進場買股票？

某大型券商董事長的司機老張，非常富有。老張買股票只有一個原則：不聽明牌，只買大型權值股，當大盤成交值萎縮到600億元以下就開始進場，2500億元以上就斷然出場。

　　股票投資人形形色色，操作理念乃至作法也有很大差異。一般說來，可以分成兩大類型：一種是信奉價值投資法，以合理投資價位的相對位置，作為買賣進出依據。代表人物就像美國股神巴菲特，機構法人則以創投、壽險、券商承銷部門等長線投資者，多半採取這種方式。

　　另一種稱為動能投資法。主要是依照多空趨勢進行操作，買賣時著重在氣勢的概念，追高、殺低都是必要的作法。在研判時刻，技術分析與籌碼分析，就扮演非常重要的角色。國內的自營商、絕大多數的投信、以及一些主力實戶，多半是採用這種方式。

股票價格低於價值時就進場

因此，什麼時候該進場買股票，得先研判自己是屬於哪種操作風格的人。如果是價值投資者，就會採取「危機入市」的模式，趁著恐慌性殺盤過程中，買進嚴重超跌、低於價值的股票。相對的，如果股價已經高不可攀，反應所有能夠想像的極致利多，這時就應該斷然出場。

如何判斷自己適合「價值投資」？還是「動能投資」？通常，個性保守穩健、風險承受意願較低、工作忙碌無暇每天看股票的人，例如銀髮族、省吃儉用、偏好中長期投資者、財富多到幾輩子吃喝不盡的超級有錢人等，比較適合、也傾向採用價值投資法。

至於個性積極主動、風險承受意願較高、一人吃飽全家飽的年輕人、希望在較短的時間爭取較多獲利機會、比較有空觀察股票短線動向的人，比較適合、也較會傾向採用動能投資法。

有趣的是，俗話說：什麼人養什麼鳥。想知道自己的個性，也可以回頭一看自己買的股票，是在什麼時點？又買了哪些股票（大型股、小型飆股、成長股、投機股……），相信看了自己的持股明細，一定會會心一笑，更加瞭解自己的個性。

此外，價值投資者也會研判產業成長趨勢。如果前景大好，投資價值未來持續看升，現在自然就是買進的時刻。最經典的案例之一，就是巴菲特近年來的投資代表作：中國石油（0857.hk）港股投資案。

84

◎ 中國石油（0857.hk）股票圖

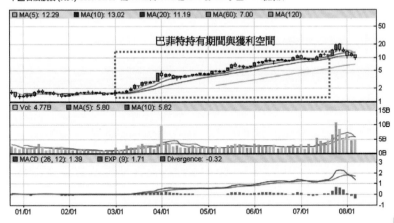

中國石油股份(0857) 2008/03/03・開:11.32 高:11.42 低:9.01 收:9.96↓ 量:47.65(億)跌:-1.88

巴菲特持有期間與獲利空間

MA(5): 12.29　MA(10): 13.02　MA(20): 11.19　MA(60): 7.00　MA(120)

Vol: 4.77B　MA(5): 5.80　MA(10): 5.82

MACD (26, 12): 1.39　EXP (9): 1.71　Divergence: -0.32

2002年底，全球景氣自谷底攀升，儘管當時市場仍不看好原物料股，巴菲特卻認為國際原油需求將持續緊俏，決定逆勢進場。並在國際眾多原油股中，鎖定當時股價接近淨值的中國石油**H股**，以1.61港元到1.67港元之間，分成7批買進。

2007年中，眼見美國景氣衰退，儘管市場看好聲不斷，國際原油價格衝上80美元且繼續狂飆，巴菲特卻斷然決定，以11至12港元附近價位，分7批處分完畢。雖然中石油在6個月後飆漲到20港元附近。但巴菲特這個5年期投資已經獲利5倍，大賺277億港元。不但賺了國際原油價格飆漲，也賺了中港股市狂飆的雙重利益。

名詞解釋

H股

中國企業到海外掛牌，會以上市當地的名稱簡寫，作為這個族群的稱呼。在香港（Hongkong）證交所掛牌者，稱為H股，一般也稱為國企股。在新加坡（Singapore）掛牌者，稱為S股。到美國紐約（New York）掛牌者，稱為N股。在英國倫敦（London）證交所掛牌者，則稱為L股。

量價將揚時進場

　　如果是信仰動能投資法的投資人，以中石油股票為例，最有興趣參與的時間，就是巴菲特持股處分完畢後，兩個月內從10港元漲到20港元這段量價齊揚的飆漲過程。如果換算成一年期的報酬率，甚至比巴菲特的報酬率還要高。

　　但問題是：這段飆漲屬於漲勢尾聲，雖然最甜，風險也相對較高。因為2007年11月後，儘管國際油價朝向100美元大關邁進，但港股已經開始崩跌，中石油股價也在5個月內跌回10港元附近。動能投資者，看到股價趨勢不對就必須迅速出場，否則可能本來有賺，最終卻變成賠。

　　至於司機老張是屬於哪種投資人呢？我覺得應該是屬於價值型投資人，只是他無從判斷個股的價格高低以及前景展望，加上工作忙碌，休息時間不定，他不放棄司機工作，那是一種生活態度，不過，他在股市上的另種哲學，更讓他每天上班閒暇之餘，有很多思考機會。老張總以大盤成交量的高低，作為股市高點與低點的參考，然後選擇大型權值股作為長線投資的標的。老張說，量能反映的是人性，他選擇逆勢而為。

　　每次看到他悠閒的聊天，興致一起就請同事朋友去吃昂貴的日本料理。我只能說，老張投資專業知識或許不足，但他的投資邏輯與貫徹紀律，真的比專業法人還專業，老張是我很崇敬的人。

進場買股時機

巴菲特運用價值投資法變成富翁,他會在什麼時候進場呢?

股票價格遠低於價值時,就是巴菲特進場買進的時候。

④ 配股配息對股價的影響？

「要不要參加除權除息？」「我看這公司展望不錯，雖然參加除權就確定得繳稅，可是多拿一些股子股孫，應該有機會賺更多，就參加吧！」

很多股市的資深投資人，都會特別重視公司歷年配股、配息狀況，作為是否買進一檔股票的重要參考。甚至有所謂的333原則：每年營收成長3成、毛利率達到3成、每年配股配息合計需達到3元。

前兩個條件表示一家公司能夠保持快速成長，毛利高逾3成則顯現產業競爭力，但是為什麼配股、配息合計要超過3元？這是表示公司能有不錯的獲利能力，資本額也不會太大，才能發給股東不錯的股票股利與現金股利。

什麼是配股？

所謂配股就是發放股票股利，當公司資本額不會太大，公司願意把盈餘轉入資本額，然後配發股子。如果每年配發3元（300股）股票股利，3年下來，原本1張股票（1000股）就會變成快2張。

配股的魅力在於如果能夠順利填權，這更是吸引資深投資人持股的原因。假設這家公司每年每股都賺 3 元，原本30元買進的股票，第一年配 3 元，除權股價變成23元（30除以1300股），市場認為這公司明年仍然能賺 3 元，還是有30元的價值，於是股價就從23元漲回30元水準，把除權的價差順利回補，稱為填權。此時參加除權的投資人就等於免費賺了300股的股子。如果這樣的情況持續下去，參加三次除權就等於多領一張股票。換句話說：原始持股成本只剩一半，就是長期投資人的絕大犒賞。

什麼是配息？

所謂配息就是發放現金股利，如果公司每股賺 3 元，全部都發放現金股利（也稱為現金股息）。如果投資人以30元買進，對投資人來說，當年領回 3 元的股息，從投資報酬率來看，也有10%的報酬率（3元除以30元），遠比現今的定存利率好。

因此，不論是配股或配息，或兩者兼具，對投資人來說，只要買到具有成長性的好股，配股、配息都是給予長期持有股東的額外報酬。就算股票短暫被套牢，但總能讓資深股東願意持續持有。畢竟買的是好公司，不用擔心他

名詞解釋

除權除息基準日
當公司決定辦理現金增資、配股、或配息的時候，需要確定哪些股東可以享有這項權益，所以必須公告一個基準日。當天在股東名冊上的股東就可以享有這項權益。

股價回不到成本，甚至變成壁紙。

每年 5 月到 7 月是股東會旺季。股東大會除了承認前一年度獲利數字，接著就是通過分配股息股利議案。當然，此時市場最熱中的焦點，就是**除權除息基準日**之前，會不會有預先反應的除權除息行情，以及除權除息之後，會不會有填權填息的表現。

從台積電2007年 6 月除權除息前後表現來看，前一年度每股獲利4.93元，算是2000年以來的佳績，配發股利約3元。除權前兩個月股價盤整在68元附近，從**現金殖利率**角度計算，大約是4.4%（3除以68）左右，對市場不見得會有太高的吸引力，因此除權前的表現普通。

台積電除權之後連續下跌，因逢中國股市崩盤，美國陷入通貨膨脹與次級房貸風暴貨幣政策兩難局面。之後在政府一周一利多與台幣升值吸引外資買盤湧入，台股40天內從8200點漲到9800點，台積電才迅速完成填權填息。也就是說：光靠自身未來獲利表現的填權能力，絕大多數龍頭股已經大不如前，反倒是比較跟隨大盤動向來決定是否填權。但股本相對較低的中小型股，自身填權填息能力多半就還不錯。

名詞解釋

現金殖利率

又稱為股息殖利率，是指預計配發的現金股息除以投資人買進的價格。譬如某公司宣告發放每股3元的現金股息，投資人聞訊後以當時市價30元買進，此時現金殖利率就是10%。因此，看到一家公司體質不錯，股價相對受到委屈時，此時現金殖利率又遠高於當時銀行定期存款利率，自然會成為保守型投資人可能買進的股票。

◎ 台積電2007年除權除息行情表現

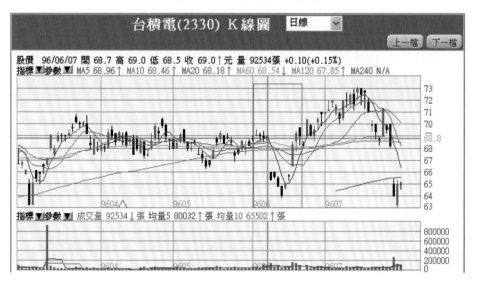

重量級個股填權息表現成多空指標

　　正因如此，重量級個股除權除息後的填權填息表現，反而可作為猜測市場認為大盤後市看多看空的指標。因為如果市場認為後市偏多，此時大家搶著要股票，越多股子股孫意味著賺錢機會越多。反過來說：會有除權行情或之後的填權表現，表示後勢行情還不會太差；如果除權之前上漲，之後又能填權，盤勢就更為強勁。

　　不過，近年來，即使是多頭行情，除權行情的強度卻是一年不如一年，填權後能夠持續大漲的股票，不管是在數量或平均漲幅上都明顯降低。因為除了絕大多數的台灣上市公司都已經掛牌多年，股本已經相對

ＣＢ的好處是進可攻、退可守的商品，有錢人特別喜愛。當現股上漲時，價格也會跟著漲。當股價下跌時，除非公司經營有倒閉危機，否則ＣＢ跌幅有限，因為本質上是屬於債券，譬如三年或五年到期日來臨時，公司必須償還借款，所以具有保本效果。如果硬要說它的缺點，就是平常的流通性可能比股票差，或者是當股價狂飆數倍時，ＣＢ在超越轉換價後，可能漲幅會不如現股，因為購買者追價的意願可能就會降低。當然，此時多數ＣＢ持有者可能早已經轉換成現股而大賺一票，不會繼續以ＣＢ方式持有！

較大，市場籌碼較多，另一方面，近年來絕大多數企業大股東都可以透過其他途徑取得股票，不需要等待股子股孫的到來。

例如光是**可轉換公司債**（CB）幾近零風險的套利，就讓公司派趨之若鶩，可轉債可以分割成為選擇權與公司債兩部分，可轉債持有者把公司債部分轉押給銀行，付給銀行一點點手續費和利息，但占可轉債約略5％價值的選擇權則握在自己手裡。

如果可轉債價格上漲，公司派就可以享受高財務槓桿，以5％的資金賺取可轉債整體的資本利得。如果不想轉換，由於仍享有轉換成股票的權利，等於不需要太高持股，就可以繼續掌控公司所有權。因此，參不參加除權、拿不拿股子股孫，或是現金增資要不要參與，其實都不會變得像以往這麼重要。

由於「參加除權還不一定確定賺錢，稅負反倒已先確定隔年要繳」的考量，市場對於高配股的期盼也越來越低。相對的，從公司營運資金撥發出來的現金股利，則相對更能夠吸引公司派與大股東的投入，也因此投資人與其寄望除權行情，還不如寄望除息行情。

總之，能不能填權填息，關鍵還是在產業基本面，基

本面夠強，公司派也會想買回自家股票，因為股東權益報酬率很高，把錢擺在自己經營的公司，投資別的也不見得這麼好賺。

除權前的融券回補行情

此外，除權除息還有一個重要議題，就是融券的強制回補。由於除權除息必須先認定與編制真實股東的名冊，而融券是跟券商機構借股票，並非真實持有者，所以必須先結清融券。依照規定，上市上櫃公司股票，停止過戶日前「七個營業日」起，停止融券賣出五日（也就是這五天不許融券賣出，亦即不許新增放空）。至於已經使用融券賣出（放空）的投資人，須於停止過戶「第六個營業日」前，還券了結。

假設7月31日為除權除息日，7月24日至7月30日之間，停止使用融券。想放空者，必須在7月23日之前完成融券賣出的放空動作。另一方面，因7月27日依法必須強制回補。原本持有融券放空的人，也必須在7月27日之前，不論賺賠，都需完成融券買回的回補動作。

很多上市公司為了拉抬股價，經常會出其不意的宣布除權日期，只給市場短短幾天的反應時間，目的就是不希

名詞解釋

可轉換公司債
英文簡稱CB（Convertible Bond），是指具有認股權的債券。平常支付債息，當現股市價超過約定的轉換價格時，就可以轉換成股票。

◎ 某上市公司2009年除權除息融券強制回補

周一	周二	周三	周四	周五	周六	周日
7月20日	7月21日	7月22日	7月23日	7月24日	7月25日	7月26日
				停止融券期間		
7月27日	7月28日	7月29日	7月30日	7月31日	8月1日	8月2日
融券最後回補日				除權除息日		
停止融券期間	停止融券期間	停止融券期間	停止融券期間			
8月3日	8月4日	8月5日	8月6日	8月7日	8月8日	8月9日
最後過戶日						

望市場放空，動機有二：

希望在除權除息日之前展開一波拉抬，也就是除權行情，此時利用停券的規定，減少放空賣壓的干擾。或者，希望利用融券強制回補的規定，醞釀「軋空」，意思是讓融券空單必須回補，且認賠補在高檔。

股東會後的長期業績可能不佳，或是先前股價漲幅已高，希望在可能出現的下跌過程當中，不要有新增加的空單趁機賺取價差，導致跟著原本獲利股票搶著賣，促使出貨不順。

總之，除權之前的強制回補，是公司派可以用來清理

名詞解釋

軋空

做融券的投資人，無法低價買進股票回補。股市結束前，投資人只好競相補進，結果出現收盤價大幅度上升的局面。

市場籌碼的一項工具。這種強制回補不利放空者的局面，就是在公司宣布股東常會以及除權這兩種時點，得特別小心。

 該不該參加除權呢？

5 如何挑選要長期投資的股票？

「長期投資要看財報嗎？」「當然！這是最基本的
啊！如果妳是長期套牢才想長期投資，那還是得看財
務報表，才會知道有沒有機會解套。」

長線交易的優缺點有哪些？

雖然股票市場並不是抱得越久，領得越多。也就是一檔股票持有十年者，不見得會比持股三年賺得多。但是如果抱得不夠久，賺得肯定不會多，想要倍數獲利就不可能。因此，百年來投資市場的億萬富豪，幾乎都是長線投資者。

長線交易重視的是理性分析，看準一個大趨勢下，只要原始的假設基礎沒有太大變化，縱使出現一點雜音，還是會穩穩的抱牢，直到先前買進的理由達到或消失。譬如說：你看好一檔股票未來三年會持續大好，營收會倍增，此時縱使其中某一個月的營收下滑，整體營收趨勢還是陡峭上揚，這時就不會為了這一點小利空而鬆動持股的想法。

　　長線投資的要訣，就在於掌握趨勢。鴻海董事長郭台銘曾說過：一個人要成功，得要「三對」，進對產業、進對公司、跟對老闆。同樣的，長期投資要成功，也要三對，當然同樣也是：選對產業、選對公司、選對老闆。

　　通常，長線投資需要對基本面有所掌握與瞭解，才能夠抱得住。財務報表就是研判基本面的重要工具。有些人認為財務報表是歷史資料，對未來價格無關。但一檔好的公司，如果沒有過去好的基礎，又怎會有未來好的發展。此外，從營收成長與獲利變化，也可以看出一家公司成長的動能，所以，包括巴菲特等國際投資大師，肯定會把財報分析掛在嘴上。

從損益表觀察公司經營能力

　　財務報表可以看成是一家公司的履歷表，從數據上我們可以觀察出這家公司是不是符合三對的條件。財務報表四張大表中，證券投資者特別重視損益表，至於資產負債表、股東權益變動表與現金流量表，則站在輔助角色。

　　損益表部分，營業利益以上的會計科目代表本業經營，一家有競爭力的公司，本業部分應該呈現正向的發展，包括：

① 營業收入持續增加，代表公司本業業績持續成長。如果今年比去年好，本季比上季好，本月比上月好，未來幾個月的訂

單都已經看到，這就是個好公司。

② 營業毛利率居高不下，代表公司產品具有高度競爭力，並可以推陳出新維持好毛利。此外，也代表生產成本控制得宜，才能維持良好的獲利。

③ 營業費用增加幅度低於營收成長幅度，表示公司內部管理嚴謹，管銷費用控管得當。

④ 營業利益不能是負數。營業利益是本業損益的總和，一家公司本業會虧錢，問題就很大。原因可能包括營收下降（產品銷售單價下滑或產品銷售數量下降）、毛利率大幅降低、營業費用過高等。

以台積電為例說明損益表數字

台積電令人感動的地方，就在於營業利益率近幾年一直維持在三成以上。其實，半導體產業景氣波動大，經營挑戰難度很高，台積電本業一直能維持這樣的高獲利，這是匯集各種優異表現才有的結果，自然是一家值得長期投資的公司。

業外部分，台積電目前主要生產事業仍在台灣，因此業外收益主要來自各種固定收益型的金融商品，轉投資事業不多，包括世界先進、創意與精材等公司。當然，我們也要留意處分投資損益、存貨跌價損失、匯兌損益、以及其他損失等科目，如果持續出現一些重大損失，就得進

一步查閱財務報告書裡面的補充說明，了解公司是否有異常狀況。

由於台灣大多數上市櫃公司都已經西進大陸，生產事業甚至遍佈全球，這些轉投資事業等於是本業的延伸，業外收益與損失部分一定要特別留意。最好能看一下每半年編制的合併報表，有些公司會定期發佈合併營收，透過合併數字才能看得清楚整個企業的成長狀態。

財務報表中其他須留意的數字

在其他三張大表中，可能要特別注意的數字，還包括：

● 每股淨值

這是公司資產扣除負債後的價值稱為淨值（也就是股東權益），除以普通股股本而得。通常一家公司未來仍處於獲利狀態，當股價跌到這個價格時，一些長線買盤就可能考慮進場，股價也會有初步的支撐。

每股淨值＝淨值÷普通股股本

一定要知道的觀念

營業利益率＝營業收入÷營業利益

◎ 台積電歷年損益表

年	98	97	96	95	94	93	92	91
營業收入淨額	285,743	321,767	313,648	313,882	264,588	255,992	201,904	160,961
營業成本	159,107	183,590	176,223	164,163	149,344	145,832	129,013	108,994
營業毛利	126,636	138,178	137,424	149,718	115,244	110,161	72,892	51,967
聯屬公司間未實現銷貨	-160	0	-265	0	0	0	0	0
營業費用	31,954	31,887	24,907	23,419	22,230	23,338	20,244	17,791
營業利益	94,522	106,290	112,252	126,300	93,014	86,823	52,648	34,176
利息收入	1,117	2,729	2,635	3,383	2,770	1,762	819	1,008
投資收入／股利收入	0	73	5,468	5,527	0	4,040	791	0
處分投資利得	53	452	271	0	0	90	115	32
投資跌價損失回轉	587	0	0	34	0	0	0	0
處分資產利得	0	299	305	596	494	164	439	274
存貨跌價損失回轉	0	0	0	0	0	0	0	0
兌換盈益	0	1,113	71	0	0	0	0	0
其他收入	2,364	2,060	2,356	2,057	1,808	803	501	449
營業外收入合計	4,122	6,726	11,106	11,597	5,072	6,860	2,666	1,763
利息支出	142	355	585	661	2,430	1,353	1,576	2,120
投資損失	2,696	0	0	0	1,052	0	0	5,717
處分投資損失	0	0	0	1,624	149	0	0	2
投資跌價損失	0	1,478	924	37	337	75	0	0
處分資產損失	0	0	0	241	60	108	373	222
兌換損失	630	0	0	413	34	323	909	121
資產評價損失	0	0	0	0	0	0	0	0
其他損失	195	424	1,097	115	204	45	1,426	645
營業外支出合計	3,663	2,257	2,606	3,090	4,266	1,904	4,285	8,827
稅前淨利	94,981	110,759	120,751	134,806	93,819	91,779	51,028	27,112
所得稅費用	5,763	10,826	11,574	7,551	244	-538	3,770	5,502
經常利益	89,218	99,933	109,177	127,256	93,575	92,316	47,259	21,610
停業部門損益	0	0	0	0	0	0	0	0
非常項目	0	0	0	0	0	0	0	0
累計影響數	0	0	0	-246	0	0	0	0
本期稅後淨利	89,218	99,933	109,177	127,010	93,575	92,316	47,259	21,610
每股盈餘(元)	3.45	3.86	4.14	4.93	3.79	3.97	2.33	1.14
加權平均股本	258,358	259,096	263,466	257,886	246,799	232,487	202,235	185,808

不是每檔股票都適合長期投資

⊃ 股價淨值比（Price/Book value Ratio，PB ratio，或PBR）

股價除以每股淨值。PBR比如果達到4、5倍以上，通常是個高檔訊號，表示股價已經太高了，此時，長期投資人並不適合介入。因為大股東如果此時賣掉公司，他可以再開個4、5間以上的相同公司。如果公司長年虧損，PBR比通常就會在數值1以下。

股價淨值比=股價÷每股淨值

⊃ 每股盈餘（EPS，Earnings Per Share）

意指公司在一段期間內，為股東每單位賺到多少錢。數值越高，表示賺錢能力越強，是個獲利能力非常重要且常用的指標。

每股盈餘=淨利÷普通股股本

⊃ 本益比（PE ratio，或PER）

股價除以每股盈餘，與PBR都是用來衡量公司價格是否合理的重要參考指標。實務上，年初時分母的EPS會用當年度的預估值，年底時就採用次年度的預估每股盈餘數字。

本益比=股價÷EPS

⊃ 股東權益報酬率（ROE）

ROE是稅後淨利除以股東權益，代表公司經營階層為股東投資創造的報酬率。一般認為，ROE超過兩成，或每季超過5％者，就是好公司。

股東權益報酬率=稅後淨利÷股東權益

⊃ 負債比率

負債比率是負債總額除以資產總額，一般認為負債比率超過六成就算太高，因為債務的利息壓力以及公司財務結構不佳，容易造成經營風險。當然，也得要參考行業特性，包括：營建、金融、航運這些產業本來就是高負債行業，負債雖然有風險，但也是創造獲利的機會。

負債比率=負債總額÷資產總額

⊃ 存貨周轉率

這是用來衡量每單位存貨，可以創造多少銷售量，用來顯示企業銷售商品的能力和經營績效。如果周轉率越高，表示商品銷售快，現金周轉也會更靈活，對於消費性電子等生命周期較短的產業尤為重要。但如果太低，顯示銷售困難或公司存貨管理能力變差，存貨增加會造成報廢過時以及積壓營運資金等問題，相當不利。

應收帳款周轉率=銷貨成本÷存貨平均餘額

⊃ 應收帳款周轉率

這比率是營業收入除以應收帳款餘額，當然是越高越好，表示收款很有效率，且公司享有較強的議價能力，才會給予客戶比較嚴苛的付款條件。當應收帳款周轉率快速降低時，一定要密切注意倒帳或關係人非常軌交易等問題，顯現公司可能出現負面狀況。

應收帳款周轉率=營業收入÷應收帳款餘額

當然，也有人會說，長期投資的標的，我就選擇張忠謀、郭台銘、王永慶、鄭崇華、蔡宏圖這些優秀企業家的公司就好了。這話也沒錯，因為這些企業家對自我的嚴苛要求，就是股東獲利的保障。

把握三對原則，長期投資有保障

最後，我們看看全球首富巴菲特選股標準，他是長期投資的最佳典範。選股原則包括：大型股且有穩定獲利，高ROE且低負債比、良好經營階層。其實仔細想一想，是不是本文一開始說的「三對」呢？

對的產業，才能讓大型企業維持穩定獲利。

對的公司，才能有好的財務結構、好的業績表現，並且回報股東好的ROE。

對的老闆，就是良好的經營階層，不會老想把公司資源放進自己私人口袋。

把握三對的原則，進行長期投資，應該就會有對的投資回報。

6 如何挑選要短期獲利的股票？

美芸的本錢不多，希望尋覓強勢股族群，提高打擊率，短進短出，增加賺錢機會。要怎麼挑選適宜短進短出的股票呢？

短線交易的優缺點有哪些？

短線交易的好處，在於企圖在最短的時間內，把握機會，創造最大財富。做短線交易，需要隨時集中精神，密切觀察趨勢（盤面資金流向、各族群的強弱變化、及哪些股票啟動漲勢或跌勢）。隨時保持警覺，注意任何可能出現轉折變化的信號及趨勢的成形。

短線交易中，最重要的就是資金水位的管理，以及毫不留情的停損或停利。藉由不斷精準的出手，累積獲利並減少虧損。透過持續做正確的事情，讓財富不斷增加。但是短線交易如果太過頻繁，譬如每天**當沖**做價差，卻忘了更重要的趨勢判斷，很可能就會變成賺了蠅頭小利，卻在關鍵時刻賠了大本金，反而得不償失。因此，短線交易者必須保持清

晰的頭腦，建構出清楚的趨勢研判，以及隨時明白自己的交易目的，才不會因見樹不見林而因小失大。

短線投資人，著重動能投資法，主要是仰仗技術分析，依照個股的價量關係、技術指標、及K線型態，進行股票買賣操作。

在漲升的過程中，消息面的掌握扮演極為關鍵的角色。因為這些熱門股，經常是搭配「題材」而狂飆，不論是短線話題，例如選舉行情的藍綠概念股；或是長線題材，如太陽能、博弈、陸資來台等，都得密切注意訊息面的變化。

培養解讀熱門股消息的能力

訊息來時，並不是照單全收，而是應該站在獨立思考的角度，學習如何過濾新聞，並且在心中建構出一套產業趨勢乃至於個股業績變化的藍圖，檢視報導的可能性及影響程度。這才是閱讀資訊時的重點。因此，每天瀏覽媒體新聞時，不妨反覆思考下列問題：

① 哪些產業族群或公司近來密集曝光？未來還有哪些事件與題材可能發生？關連產業或公司同業，看法是否一致？報導記者是誰？受訪者誠信

名詞解釋

當沖

所謂的當沖，就是在同一日融資買進融券賣出或融券賣出融資買進股票，資券相抵稱為當沖。

如何？

② 政府重大經貿、產業、財政、貨幣政策動向，對企業與股市影響。

③ 報紙邊角上有沒有一些進行中，但尚未引爆的未來重要事件？

看到利多利空新聞，先檢視個股K線圖

很多人一早翻開報紙，看到產業或個股的**利多**，就會急著在開盤時候搶進，結果不是大賺、就是大賠，這樣的作法太躁進。正確的作法，應該是看到利多**利空**新聞，先檢視一下個股K線圖，了解這檔個股的相對位置。

例如已經漲了一大段，又見到報紙發佈利多，個股在盤中卻是利多不漲，這種情況很可能就是所謂「利多出盡」。表示先前已經有很多人提前佈局，趁著利多發佈時順利出貨。相對的，如果股價跌了一大段，此時見到利空發佈，很可能反而是「利空出盡」，此時不但不應該賣股票，甚至應該反手買進。

當然，某些訊息的影響份量，可能高於預期，引發市場繼續追價。一般投資人碰到這種情況，很容易發生看到訊息，卻還是不知道天高地厚？甚至可能低估了利多的威

名詞解釋

利多、利空
利多是指有助於提升股價的消息。利空則是影響股價下跌的壞消息。

力，導致加碼幅度不夠。

譬如台塑李志村、矽品林文伯表態看多產業景氣時，法人多半不管股價先前是否已經墊高，均會全力搶進，因為這些大老一言九鼎，信用卓著。相對的，有些科技大老出面感嘆股價委屈，或是喜形於色的讚揚自家公司獲利超優時，往往就是波段跌勢的開啟，這些法人都早有領教。

從券商研究報告找投資標的

如果投資人沒辦法判斷利多利空的影響。沒關係！很多券商或投顧的研究部門，在每日晨訊報告中，也會針對這些重大新聞發表評論。這些都值得投資人主動探詢。因此，投資人不妨多在幾家券商開戶，索取各家券商的研究報告。

隨手記載政治、經濟重要事件

我個人喜歡看完報紙後，把一些未來重要事項，隨手記載下來。這些政治與經濟上的重要事件，很可能會影響一些投資動向。當然，有一些訊息是需要主動搜尋的，例如一些**上市櫃公司籌資案**的核准進度。

名詞解釋

上市櫃公司籌資案

公司為了充實營運資金、償還銀行借款、購置機器設備等目的，向公眾或特定對象辦理資金募集活動。籌資工具包括現金增資、可轉換公司債等。

◎ 經濟、政治重要事件

	A	B 經濟	C 政治
1		經濟	政治
2	1月1日　週二	中國大陸新版企業所得稅、新版勞動合同法上路	慈湖兩蔣陵寢正式撤哨
3		摩托羅拉新執行長上任	總統元旦蒭言
4		日股與大陸股市休市一天	
5	1月2日　週三	台股開紅盤	
6	1月3日　週四	昇達科〈3491〉新股掛牌	
7		台電風力發電機組新建工程開標	
8	1月4日　週五		
9	1月7日　週一	美國CES電腦展，拉斯維加斯舉行。400多家台商參展	
10	1月8日　週二		
11	1月9日　週三	中華電減資後掛牌	美國總統小布希訪問中東
12	1月10日　週四	歐洲央行利率決策會議	
13		程泰〈1583〉法人說明會	
14	1月11日　週五		
15	1月12日　週六		台灣立法委員選舉
16	1月13日　週日		蔣經國總統逝世紀念日
17			陳水扁總統出訪中南美洲
18			印度總理訪問中國大陸，會見胡錦濤
19	1月14日　週一		瓜地馬拉新任總統就職，陳水扁總統參加
20	1月15日　週二	兆豐金新舊任董事長交接	陳水扁總統拜會聖路西亞
21		韓國樂金飛利浦〈LPL〉法說會	
22		證交所與麥格理證券舉辦台股新加坡法說會	
23		瑞士信貸證券台南舉辦小型傳產股論壇	
24	1月16日　週三	國際能源署原油月度報告	
25	1月17日　週四	晢園法說會	

Chapter

精準掌握股市行情
指標買低賣高

1 輕鬆認識股票產業類別

2 認識判斷行情的指標

3 怎樣判斷股市多空，買低賣高？

4 如何蒐集股市相關資訊？

5 股票管理小技巧之一：
  認識三大法人進出表

6 股票管理小技巧之二：
  認識股票行情表

7 管理股票小技巧之三：
  認識成交值排行榜

1 輕鬆認識股票產業類別

「8131福懋科是做什麼的？」「1434福懋是紡織股，1225福懋油是食品股，福懋科我就不知道了！」「呵呵！福懋科是做IC封測的啦！」

搞懂產業類別，利於了解個股連動性

台灣掛牌公司家數眾多，已經到了連專業投資機構都搞不清楚許多公司在做什麼，甚至連聽都沒聽過。更慘的是，很多公司的名字相近（崇越5434與崇越電3388）；或是發音雷同（力積3553、立碁8111與利機3444，三者聲音相同；與立錡6286和力麒5512發音相近），營業員一不小心，更會下錯單。為了提供有效而迅速的區別方式，產業分類也越發重要。

有了產業分類，投資人下單時，可以跟營業員補充說明：我要買做DRAM設計的力積、做LED的立碁、IC通路商的利機、或是做類比IC設計的立錡、或是營建股的力麒建設。把產業區分出來，有助於訊息正確傳達。

因此，台股從民國52年開始交易後，因應上市公司家數增加，民國

84年進行第一次大規模重新分類，從最早的八大類股，再細分為二十類股。但是，二十類股的分類，才用了十年，顯然已經無法滿足產業發展高度分工與多元化的趨勢，特別是台灣電子類股的掛牌家數，急速增加，甚至已經超過其他非電子的十九類股家數總和。

因此，證交所在2007年7月，將產業類別擴大到三十九類。主要變化在於電子類股變為八大類股，以及化學生技醫療類股分割成為化學工業類及生技醫療類兩大類，並新增油電燃氣類。這些分類指數，也有助於投資人在盤中交易時候，迅速掌握各產業的漲跌表現，以及資金量能的增減。

搞懂產業類別與公司名稱

糟糕！銘哥告訴我的明牌是『欣興』還是『新興』？

一定要知道的觀念

金融業類股經常扮演行情自谷底啟動的第一棒與行情結束的最後一棒，也經常被視為政府護盤的指標，因此只要金融股漲勢啟動，通常老市場經驗者都會特別注意它的意義。

◎ 集中市場二十大類股代碼

類股別	編號	類股別	編號	類股別	編號
水泥類	11xx	食品類	12xx	塑膠類	13xx
紡織纖維類	14xx	電機機械類	15xx	電器電纜類	16xx
化學生技類	17xx	玻璃陶瓷類	18xx	造紙類	19xx
鋼鐵類	20xx	橡膠類	21xx	汽車類	22xx
電子類	23xx、24xx、30xx、31xx、32xx、33xx、34xx、35xx、36xx、37xx、53xx、54xx、61xx、62xx、80xx、81xx、82xx、	營造建材	25xx	運輸類	26xx
觀光類	27xx	金融保險類	28xx	貿易百貨類	29xx
綜合類	98xx	其他類	99xx		

◎ 新增分類的定義劃分

原分類	新增分類	定義
電子類	半導體業	從事半導體製造行業均屬之，如晶圓、光罩、電晶體、閘流體、二極體、記憶體、積體電路（IC）等製造。積體電路（IC）設計及測試封裝亦歸入本類。
	電腦及周邊設備業	從事電腦及其周邊設備製造或組裝之行業均屬之。包括：電腦製造業、顯示器及終端機製造業及其他電腦周邊設備製造業（如滑鼠、鍵盤、印表機、光碟機、光碟燒錄器、硬碟、軟碟機、掃描器等製造）。
	光電業	凡從事光電材料及元件（如：發光二極體、太陽能電池、液晶面板、電漿面板及其相關組件）或光學儀器及設備（如：光學儀器及鏡片、鏡片鍍膜或磨光、鑲嵌鏡片、照相設備、火災控制或照相用途之光學量測及檢查裝置等製造）之製造行業屬之。
	通信網路業	凡從事電信服務、通訊服務、通信設備、網路設備製造及其運用之行業屬之。包括：電信及資料通信設備製造（含電話、手機零組件及手機組裝）、網際網路服務提供（ISP）等。
	電子零組件業	凡從事其他電子零組件製造之行業均屬之。包括：被動元件業、印刷電路板業、電子管業及其他電子零組件業。
	電子通路業	凡從事電子零組件及產品通路買賣業者屬之，包括：IC通路及3C通路。

原分類	新增分類	定義
電子類	資訊服務業	凡從事電腦軟體設計及服務、電腦系統整合及設計服務、電腦設備管理及其他與電腦相關技術服務之行業，及從事入口網站經營、網路資訊服務、資料處理、網路代管及其他資訊供應服務之行業均屬之。
	其他電子業	無法歸類為前述細分類之電子產業屬之。
化學生技醫療類	生技醫療業	凡從事新興生物技術、製藥、醫療、醫療器材設備及用品等行業均屬之。
其他類	油電燃氣業	凡從事石油化工原料製造、石油煉製、其他石油及煤製品製造、加油站、電力、氣體燃料、燃料供應批發及熱能供應之行業屬之。

資料來源：台灣證券交易所

二十九個產業，具有各自的特性。不過，還是可以粗略劃分為以下四大塊。一般而言，市場把第一塊與第二塊合稱為傳統產業（其中生技醫療除外），約佔台股市值的 2 成。第三塊金融也約佔台股市值的 2 成。最後的電子資訊產業，則佔台股市值的 6 成。

第一塊是原物料相關：包括水泥、食品、塑化紡織、化學工業、玻璃陶瓷、鋼鐵、造紙、橡膠，與散裝航運等。這部分的景氣動向，與國際原物料供給、下游需求、美元強弱、天災人禍額外需求等因素攸關。

第二塊是基礎建設與民生消費：基礎建設包括營建、電機機械、電

器電纜、電信服務、油電燃氣，以及百貨、觀光、汽車、生技醫療。這部分的景氣動向，與國家內需政策、國內景氣、人口結構等因素攸關。

第三塊是金融。金融業屬於特許行業，景氣動向與利率變化、總體經濟榮枯、與自身資產價值有關。金融股經常扮演行情自谷底啟動的第一棒與行情結束的最後一棒，也經常被視為政府護盤的指標，因此只要金融股漲勢啟動，通常老市場經驗者都會特別注意它的意義。

第四塊是電子資訊產業：半導體與光電產業是台灣當前電子業的兩大龍頭，電腦產業則是帶領台灣1990年代成為全球資訊重鎮的最大功臣。光是這三個產業佔台股市值比重就高達 5 成，重要性可見一斑。

因此，電子股上漲時，通常會有內部輪動關係。領先起漲的通常是半導體類的IC設計與晶圓代工。光電類中的面板與LED也是領先的族群。然後輪到電腦及周邊，和網通類股。最後才是電子零組件與電子通路股補漲。

了解產業供應鏈，有利投資分析

證交所進一步的分類，雖然大有進步，但還是無法滿足專業法人在產業分析上的需求。法人對產業分類做得更細緻，不但依照上市櫃公司產品特性，將產品相同的歸為同一族群，並會依照產品供應價值鏈的上中下游關係，分成上游原物料或零組件供應公司、中游產品製造公司及下游最終產品製造公司，也就是次產業分類。

依照產業供應鏈來進一步區分，好處多多。譬如說：當研究員發現最近手機市場消費買氣很熱，可能就要進行以下的分析：

① 哪些品牌買氣強勁？是Nokia等國際大廠，還是中國**白牌手機**？

② 是智慧型高階手機需求強？還是中低階手機需求旺？

③ 哪些零組件產業短線需求強勁，甚至缺貨？是機殼等外觀零件？沖壓機構件與連接器？中小尺寸面板或觸控面板？LED？通訊等晶片？被動元件？印刷電路軟硬板？電池？揚聲器與麥克風？按鍵？還是相機鏡頭模組？

④ 手機產業未來發展趨勢，哪些零組件需求長線看好？

⑤ 哪些次產業中的廠商可能受益？哪些公司股價偏低？

產業分析是希望找出值得投資的產業，再由具成長性的次產業當中，篩選出價格低估，且將來成長性極佳的個股投資。透過這樣的分析結論，選擇到投資風險較低、

名詞解釋

白牌手機

指合法小型手機製造廠商，因擁有創意，但無力支付龐大行銷費用跨入消費市場，便以貼牌或借牌的方式，透過他人的品牌和通路銷售。有些白牌手機的品質不錯、功能創新、充滿創意，但售價遠低於知名品牌手機，頗受第三世界國家歡迎。相對於白牌手機，另一種是黑牌手機，這是以非法仿冒、拼裝（舊機局部更新並更換新裝）等方式製造的手機，當然就充滿道德與法律爭議。

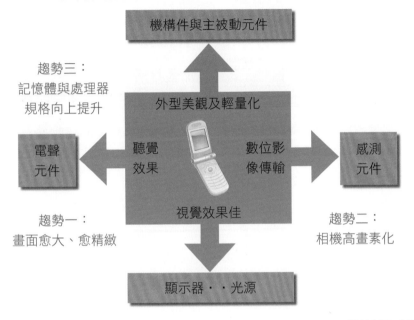

◎ 高低階手機三大趨勢下，相關零組件商機火熱

機構件與主被動元件

趨勢三：
記憶體與處理器
規格向上提升

外型美觀及輕量化

電聲
元件

聽覺
效果

數位影
像傳輸

感測
元件

視覺效果佳

趨勢一：
畫面愈大、愈精緻

趨勢二：
相機高畫素化

顯示器‥光源

資料來源：ITIS計畫

且報酬機率較高的好股票。因此，對於產業分類的了解，一定要了然在
胸，才能做好投資這門功課。

2 認識判斷行情的指標

葛瑞：「這是千載難逢的大行情，今天外資狂買200億元，趕快追！」劉老師：「千萬別亂來，外資大買，股市卻漲得不多，為什麼？這是警訊！你得想想當中的道理。」

　　股票市場基本上是由「上漲」、「下跌」、以及「盤整」等三種型態組成。雖然要判斷「漲、跌、盤」並不是件容易的事情，但是，投資人必須隨時詢問自己，現在大盤或是個股，是處於哪一種狀態，才能做好自己的規劃。

　　一般來說，判斷行情的指標，可以從籌碼面、技術面、與基本面等三個角度來推估。籌碼面觀察的是人氣指標以及買賣力道，重點在於量能的變化和籌碼的歸屬，包括成交金額、周轉率、三大法人進出、融資融券變化、庫藏股、董監持股與申報轉讓等。

指標1：籌碼面

　　很多市場老手特別重視籌碼面。因為股價的決定，說穿了就是供需

關係，當市場對股票的需求大於供給，想買的人多於想賣的人，股價就會上漲。此時，就會出現價漲量增的狀況，買盤不斷的追進，換手越來越順；如果想買的人雖然還是多於想賣的人，但買進的意願開始降低，此時雖然價漲，卻會量縮。因此，不管買盤力道是來自三大法人、公司派實施庫藏股或者動用融資買進，只要買盤力道集中，籌碼面乾淨，股價就很容易一飛沖天。

相對的，如果籌碼面凌亂，三大法人動態不明，有人喊進有人喊出，多空看法不一，甚至籌碼由市場實力派逐步散到一般散戶手上，這樣的籌碼結構，就不利於多頭行情。

我們常聽到當大盤重挫一段幅度之後，融資餘額居高不下，很多分析師就會計算，主張融資餘額還得要適度減肥，才會有利於大盤落底，就是這個意思。總之，籌碼面上的量價變化和籌碼歸屬，是研判行情的重要指標。

◎ 股市常見用語與意義

常見用語	意義
價漲量增	想買的人多於想賣的人
價漲量縮	想買的人雖然多於想賣的人，但買進意願開始降低
籌碼面乾淨	股價很容易一飛沖天
籌碼面凌亂	股價上漲不易

指標2：技術面

技術面研判行情是市場比較常用的方式。包括技術指標、圖表型態解析、以及量價關係。技術指標提供了我們一個客觀的評估方式，雖然在某些異常狂飆或異常急跌的狀況，它有可能鈍化或失靈，但它整體而言，仍是一個非常重要的參考依據。

圖表型態解析，雖然需要較多的判斷經驗，但也是一個判斷行情的絕佳工具。例如一波行情發動的過程中，如果見到短中天期**均線糾結向上**，指數沿著十日均線上揚，量價配合得宜，這波段行情就還沒有結束，投資人就可以持股續抱。技術指標的運用，會在之後進行描述。

指標3：基本面

基本面則提供了一個長線投資的展望。光憑技術分析或籌碼分析，股票不見得能抱得久。基本分析當中，透過本益比與股價淨值比，讓我們體會到股票價值偏低或偏高。藉由營收和獲利表現，可以看出一家公司的業績成長趨勢。透過毛利率或營業利益率，可以感受到公司產品的競爭力變化。

此外，產業變化也是非常重要的。一般來說，一個產

名詞解釋

均線糾結向上
短、中天期，甚至加入長天期移動平均線，數條均線壓縮糾結在一起，表示大家的持股成本都已經差不多，此時一個向上攻擊的力道，讓所有均線糾結之後往上，後面通常會有一個漂亮的大波段行情展開，這是強烈的買進訊號，市場買盤也會爭先恐後的搶著上車。

業能否成長，主要擺在新技術與新應用兩大角度。以LED
（發光二極體）為例，從2000年以來，LED不斷有新應
用，從手機鍵盤、LED路燈、到NB（筆記型電腦）用背光
源等，新應用讓LED這個族群業績能夠持續成長，也因此
享有比其他電子族群更高的本益比。

又如觸控面板，2000年時曾因題材超具想像空間，未
上市股價紅極一時，但股市崩盤後，也從市場高捧的雲端
重挫。幾年下來，存活業者所剩無幾，剩餘業者也是資本
額燃燒殆盡。但在2007年開始，PDA（個人數位助理）、
數位導航、智慧型手機等手持式設備，加上Windows 7強
打觸控功能，推進個人電腦觸控功能普及，以及POS（零
售點作業系統）銷售系統環境成熟，觸控面板產業終於快
速起飛。瞭解產業趨勢是非常重要的功課。

當然，總體經濟的變化，也是基本面研究的重要依
歸。當全球景氣從谷底攀升時，是波段行情開啟的好時
機，利率與匯率是觀察一個經濟體是否強勁的最好指標。
簡單的說，通常當一個國家匯率走揚，股市也容易有表
現。當利率從連續降息轉為升息，也通常是一個多頭波段
的開啟。

一定要知道的觀念

融資除非是被特定主
力用來鎖住市場籌碼
的特殊情況外，基本
上還是被當成散戶指
標，是一般投資人企
圖短線獲利的不穩定
籌碼。因此，當股市
大幅回檔一定幅度，
如果融資不能相等或
有更高幅度的減碼，
就表示還有一些融資
籌碼等待大盤反彈解
套，形成潛在的上檔
賣壓，大盤就不太可
能真正的反彈。因
此，融資減肥狀況被
列為一個重要觀察指
標。

掌握台股行情，不能忽視全球股市脈動

1996年以來，台股與全球走勢更加密切。要掌握台股波段行情，也要觀察美、中、日韓香港等其他股市走向。現在外資持有台股三分之一以上市值，資金在國際間流竄，台股與全球股市的連動更密切。

台股會與全球股市連動，關鍵在於全球產業供應鏈成形。台商從巴西、澳洲、印尼、俄羅斯等原物料大國取得原物料，經散裝航運載到台商在中國的生產基地加工製造，然後送往歐美等全球市場消費，當然，中國消費市場快速崛起，中國內需也成為撐起全球景氣的重要支柱。

現在是地球村時代，台股基本面必須與全球連動。所以有人打趣，20年以前，做台股要先看日股臉色，10年前做台股要看美股臉色，未來10年，做台股可要看中國股市臉色。也就是說，現在台股的盤中操作，須隨時注意其他亞洲股市盤中動向，特別是碰到日、韓股雙雙急殺或急漲，台股大多也會迅速連動。如果是中國股市加上香港股市重挫或急漲，由於台灣對中國出口貿易依存度接近4成，台灣股市也會受影響。

唯一例外，就是到了選舉年，台股才有機會走自己的路。就像2004年第一季，台股漲幅全球第一，但是2004年全年結算下來，台股漲幅全球倒數第一，這算是比較特殊的情形。或者如2008年520前夕，全球股市持續崩跌，但台股逆勢拉抬到9300點，不過之後也是迅速補跌至3955點，殺聲震天，股民更加痛苦。當然，美國、韓國等國家也都會有各自的選舉行情，政治人物關切股市，應是舉世皆然。

從籌碼面判斷行情

難得休年假，到郊外騎車去——

Good！
真乾淨。

當然囉，我每天都洗頭，也很香吧？

我是說籌碼面，只要籌碼面乾淨，股價很容易就一飛沖天。

跟我約會還忙著看股票！

氣~

3 怎樣判斷市場多空，買低賣高？

老胡老是唉聲嘆氣？一買就小套，煩。賣太早少賺，也煩。被軋空手（大盤飆漲時手上沒股票），更煩！你還真肖想一買就飆，一賣就崩盤？

　　老胡的狀況，經常發生在我們周邊。雖然他的反應有點過度，但平心而論，除了優質企業的老闆與大股東，或者是非常長線的投資人，才不會很在意股價短線上的起起伏伏，而把報酬重心擺在公司的獲利表現，期待每年都能領取優渥的現金股利。否則，絕大多數的一般投資人，仍是希望賺取低買高賣的波段價差。

　　波段的操作，會在後面章節當中，做比較仔細的描述。這節的重點，就擺在當天股市裡的高低點研判上面。當然，一天的多空走勢，如果有重大異常變化，也會影響後續的多空走勢，這也是為什麼操盤人每天都要看盤的原因。

開盤時密切注意4重點

一般來說，開盤後的15分鐘，是一個專業投資機構研判當天盤勢的最重要時刻，如果你選擇在這時候打電話給操盤人，他可能會給你非常不好的口氣。因為，長期觀察台股開盤價與收盤價關係者，會注意到一個現象：開盤價經常就在一天當中的相對高價或相對低價附近。因為對後市樂觀或悲觀的情緒，會醞釀在這一個極端點釋放出來。

因此，一開盤的時候，要密切注意以下重點：

① 大盤指數開高或開低。

② 第一盤的成交金額。

③ 委買委賣張數，以及委買委賣均張。

④ 漲跌家數的變化。

許多人會特別注意委買委賣張數，當委賣張數大於委買，則表示賣壓沉重，大盤下跌的壓力增大，這時可以考慮站在賣方，先賣先贏。我個人比較喜歡看委買委賣的平均張數，這可以顯露出法人買賣的急迫性。因為法人賣盤通常每筆張數較大，容易拉升每筆的平均張數。

漲跌家數也頗具參考性。例如當大盤指數雖然上漲，但下跌家數卻不斷增加，這是一種不利的訊號，顯示雖然有人刻意利用大型權值股來拉抬指數，但其他多數的個股卻不認同這個動向。相對的，如果越來越多公司加入上漲行列，就表示人氣越來越旺，有利於大盤後面的表現。

開盤後的量價表現,也是盤勢走勢的重要觀察指標。理論上,價量應該要同步,也就是價漲量增、價跌量縮,如果量價表現不一致時,也就是量價背離時,通常也不是一個好現象。

用「開盤八法」判斷多空

開盤後的15分鐘之所以特別重要,是因它可以區分成為 3 個 5 分鐘 K線,形成 8 種漲跌的排列組合,表現出開盤後的多空力道,這種概念也稱為開盤八法。它的意義則可參閱下表。

◎ 開盤八法與可能意涵

	I	II	III	可能意涵
連續三上	+	+	+	飆漲走勢
二上一下	+	+	—	意味盤面強勁,可能震盪起伏
一上二下	+	—	—	有可能是趁開盤拉高出貨
	I	II	III	可能意涵
一上一下一上	+	—	+	有可能震盪洗盤,或陷於觀望
一下二上	—	+	+	表示低檔有限,後面可能震盪走高
一下一上一下	—	+	—	可能暗示主力震盪出貨,或陷於觀望
二下一上	—	—	+	低檔有支撐後的探底反彈走勢
連續三下	—	—	—	賣壓沉重,將會重挫

當然，開盤八法是一個重要的參考概念，但投資人也不一定要拘泥在一定是15分鐘，而是採取它的精神，這樣用肉眼觀察就可以粗略判斷，甚至可以自己推估：例如上漲之後拉回，沒有跌破起漲點，就表示另一波攻勢可能展開。

從走勢圖看量價關係變化

股價走勢圖是投資人每天看盤的重心，更是投資決策的重要參考，這張圖最重要的就是量價關係的變化。在價格方面，必須注意當天價格走勢、震盪幅度、全日均價、以及開盤、收盤、最高、最低價的位置。

量能的部分，則要觀察成交張數的變化。如果今天的量能相較於前一個交易日，呈現明顯的放大或縮小，這時都要特別注意，可能意味著波段攻擊的開始，也可能是結束。

通常在經歷一段時間的整理，突然爆量上漲，這樣的成交量稱為攻擊發起量，此時投資人可以勇敢追進。相對的，如果是上漲一段時間，突然爆出超級大量，就有可能是行情結束，或者是換手繼續攻擊。總之，碰到成交量出現重大變化，都得特別小心。

對於喜歡短線操作，賺取價差的人，每天的股價走勢，就是他的一日戰場。短線投資人可以依照自己的走勢判斷，選擇先賣後買，或是先買後賣，在不增加持股的前提下，賺一點價差。這種當沖（或稱為當軋）的作法，也稱為「搶帽子」，這樣的投資人則稱為「帽客」或「當

認識股價走勢圖

沖客」。

　　當沖客可以使用信用交易，以資買與券賣方式以當天軋平，或是以現股一買一賣方式來完成，也稱為現股沖。要完成這樣的短線交易，必須對盤勢走勢、以及個股股性和量價變化有充分的掌握，每天緊密盯盤，觀察每個低買高賣的機會，才能提高勝率。

　　當然，指數走勢的行進過程，也可以提供很多轉折的訊號。以下圖為例，這是一個開高走低殺尾盤的走勢。我們可以注意到，他開盤後迅速回檔，曾經一度想要挑戰開盤後的高點，但是並沒有突破，於是反手拉回。更糟的是，竟然跌破 9 點半左右的低點，顯示盤勢多頭力道太

◎ 大盤走勢圖

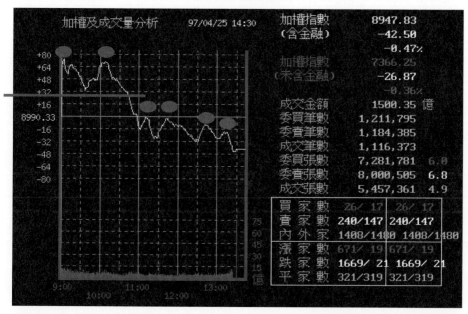

資料來源：Yahoo奇摩股市網站

131

弱，便急速往平盤以下尋求新的支撐。

但多頭從11點鐘後奮鬥了 2 個小時，卻是一個高點比一個還低。終於最後半小時，多方棄守，展開另外一波殺盤，終場幾乎是收在最低點。當然，我們也可以看到均賣大於均買、下跌家數是上漲家數兩倍的訊息作為佐證盤勢的弱勢。

在上圖右邊的數字，對於判斷當天盤勢走勢有非常重要的功能。加權指數與漲跌點和漲跌幅，配合當天的成交金額（成交值），可以讓我們注意到量價的配合關係。

如果委賣張數大於委買張數，就顯示市場賣壓較強。如果委賣均張（委買張數除以委賣筆數，如上圖中是6.8張），大於委買均張（上圖是6.0張），就表示可能是法人賣的比重較大，因為法人一筆可能就是幾十張，甚至上百張，此時就要提高警覺。

上圖的框框中，還有漲跌家數也要特別注意，如果盤中上漲家數不斷減少，而下跌家數不斷增加，也是一種盤勢賣壓變大的訊號，顯示越來越多公司放棄上漲，開始跌價。此時就要格外的小心。

投資人如果想要賣高買低，指數走勢圖中的壓力與支撐，都是值得密切留意的地方。壓力不過，就會反向拉回，此時就是賣點。支撐如果不破，就會開始反彈，此時就是買點。這些作法都值得投資人參考。

美股大漲，台股開高走低機率大？

當然，台股還有一些不成文的慣例，譬如說：前一晚如果美國道

瓊指數大漲百點以上,隔天早上,台股如果開盤大漲,就有 8 成以上機率,會出現開高走低殺尾盤的窘狀。

這種情況反覆上演,也促使現今很多專業法人都會選擇大盤一開高,就先賣一趟,然後等待尾盤殺下來時,再低接回來。投資人如果觀察到類似狀況可能發生,就可以選擇先賣後買,賺點菜錢。

開盤八法

開盤八法就是利用下列模式取樣,上漲記為「十」,下跌記為「一」經排列組合出八種模式。
① 將09:05加權指數和09:00加權指數(前一日收盤價)比較
② 再比較9:10加權指數和09:05加權指數
③ 又比較9:15加權指數和09:10加權指數

前一日收盤指數

09:05加權指數

09:10加權指數

09:15加權指數

4 如何蒐集股市相關資訊？

「哇，你的研究報告資料庫，分門別類，做得好完整啊！而且各家券商的都有。」「想賺錢，就得多看點報告啊！」

蒐集台股訊息管道

做股票，一定得用功。用功不見得賺得到錢，但不用功，賠錢的速度一定很快。蒐集股市相關資訊，就是每天必做的功課。特別是手中持股的相關訊息，一定要經常特別注意。

這是一個資訊氾濫的年代，只要有心，尋找資訊並不會太難。電子媒體、平面媒體、網路媒體、證券商研究報告、證券交易管理機構的公告、乃至於親朋好友，甚至放膽撥電話給上市櫃公司發言人，這些都可能是你蒐集資訊的管道。

此外，每年年底，各家大型券商與投信，都會舉辦免費的投資展望說明會。平常也會三不五時的舉行一些小型演講。這些免費的場合，投資人都可以好好把握。甚至會後主動把握機會，與講師聊天，建立情感。以我自己為例，大型演講過後，甚至隔了一年半載，還是會接到一些聽眾打電話來討論。

◎ 台股投資的重要訊息管道

	專業相關	綜合相關
平面媒體	工商時報、經濟日報、財訊快報、非凡周刊	蘋果日報、中國時報、聯合報、自由時報等
網路媒體	聚亨網、Moneydj、華爾街日報中文版、Yahoo奇摩股市	中時電子報、聯合新聞網、中央社、Google新聞、東森新聞
電子媒體	非凡新聞。以及俗稱第四台的中華財經、運通財經、華人商業、恆生財經等頻道	TVBS財經、東森財經台等電視台
官方機構	金管會、證券交易所、證券櫃檯買賣中心、期貨交易所	中央銀行、經建會、財政部、經濟部等
民間機構	證券商、投信、投顧、證券暨期貨市場發展基金會	銀行、票券、鋼鐵、紡織等各產業公會等

組成選股會，分工做功課

　　一個人的時間精力有限，除非你只做自己熟悉的族群，否則還是多多借助外界的力量。可以找幾個志同道合的好朋友，有人精通籌碼面、有人擅長技術分析、有人有產業訊息，大家固定聚會，從各種不同的角度分析，也可以教學相長。

　　以我們操盤領域來說，就有幾個每月定期召開的選股會，最為著名的就是「證思會」，這是一個歷史悠久，資深老手雲集的聚會，甚至會邀請上市櫃公司老闆前來專題產業講座，幫助大家學習。其他還有許多

小型聚會，例如大華同學會，成員來自大華證券前後期的自營部或研究部同事，與會者大家各抒己見，除了交換訊息，也會彼此辯證，嘗試去捕捉市場可能的動向。

市場上也有些專為一般投資人服務的會員制社團，例如財訊金融家、聚亨網財富管理俱樂部、精實資訊Moneydj會員家族等，都提供許多豐富市場資訊、看盤軟體服務、下午茶聊天時間、以及基本面與技術面等教育訓練。只要付一點點年費，可以幫助一般投資人提升實力，掌握資訊。

 蒐集股市相關資訊的方法

5 股票管理小技巧之一：認識三大法人進出表

> 「今天外資前十大買超個股，有六檔是金融股！你覺得金融股的行情來了嗎？」「金融股佔大盤成交比重已經拉到15%以上，應該是吧！」

三大法人：外資及陸資、投信、與證券自營商

很多投資人每天都會緊盯三大法人進出表，觀察買賣超的總金額、前十大買賣超個股是哪些標的、甚至也會追蹤自己持股或有興趣進場個股的三大法人進出動向。不僅作為了解股市動向，甚至隔天也會跟單買進，這種作法，確實聰明。

三大法人是指外資及陸資、投信、及證券自營商。這是1990年代，台股市場當中三個主要的大型法人機構類別。雖然近年來，政府四大基金（勞退、勞保、退輔、與郵儲）、國安基金、壽產險與銀行等金融機構的自有資金、全權委託代客操作等法人，操作規模甚至遠超過投信及自營商，但目前必須公告的範圍，仍只有這三大法人。

◎ 三大法人的買賣總金額與外資動向

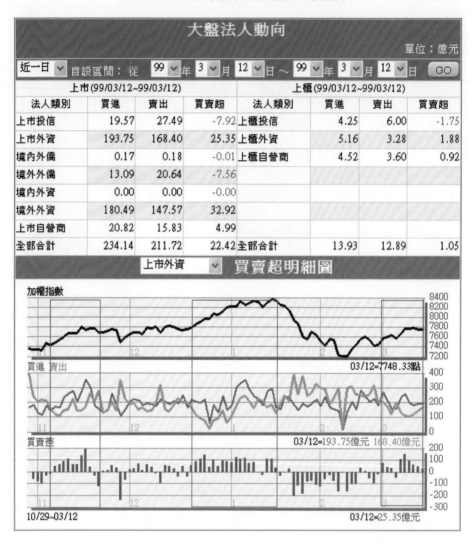

大盤法人動向							
							單位：億元

近一日 ▼ 自設區間： 從 99 ▼ 年 3 ▼ 月 12 ▼ 日 ~ 99 ▼ 年 3 ▼ 月 12 ▼ 日 GO

上市(99/03/12~99/03/12)				上櫃(99/03/12~99/03/12)			
法人類別	買進	賣出	買賣超	法人類別	買進	賣出	買賣超
上市投信	19.57	27.49	-7.92	上櫃投信	4.25	6.00	-1.75
上市外資	193.75	168.40	25.35	上櫃外資	5.16	3.28	1.88
境內外僑	0.17	0.18	-0.01	上櫃自營商	4.52	3.60	0.92
境外外僑	13.09	20.64	-7.56				
境內外資	0.00	0.00	-0.00				
境外外資	180.49	147.57	32.92				
上市自營商	20.82	15.83	4.99				
全部合計	234.14	211.72	22.42	全部合計	13.93	12.89	1.05

上市外資 ▼ 買賣超明細圖

加權指數 — 8400 8200 8000 7800 7600 7400 7200

買進 賣出 — 03/12=7748.33點 — 400 300 200 100 0

買賣差 — 03/12=193.75億元 168.40億元 — 200 100 0 -100 -200 -300

10/29~03/12 — 03/12=25.35億元

資料來源：Moneydj網站

透過法人買賣超金額和個股買賣狀況，可以捕捉整體法人圈大致的想法，了解他們現在對大盤的看法是多還是空？目前喜好是電子、傳產還是金融？研判出市場資金流到哪個族群，甚至搶搭法人的順風車。

上頁表以民國99年3月12日的三大法人動向為例。當天集中市場成交金額772.78億元（買與賣的總金額是成交金額的2倍，為1545.56億元），可以注意到外資當天買進193.75億元加上賣出168.40億元，合計362.15億元，佔了大盤買賣總金額的23.43％，可以顯現外資在台股的影響力。

通常法人整體買盤會有一個延續性，如果後市一致看好，三大法人整體都會呈現買進趨勢。如果看法分歧，也常會出現土洋對作的狀況。當然，外資買盤也很常出現連續多日的買超或賣超，從上圖最下一欄的的買賣差就可以看出，外資的動向經常會持續一段時間，這就具有相當的參考性。

這市場錢多的人講話大聲，因此，三大法人買賣超動向，自然也是必須追蹤分析的重點。通常，除了看每天外資買了什麼，賣了什麼？大家還會追蹤外資連續買了什麼？又連續賣了什麼？以及買或賣的標的，有沒有偏向哪些族群？

法人籌碼分析

法人籌碼分析通常有六項觀察重點：

重點一：外資進出動向與個股，以及言行是否一致。外資在大盤膠

◎ 上市外資買超排行

名 次	股票代號/名稱	成交價	漲 跌	買超張數	外資持股張數	外資持股比率
資料日期：99/07/29　上市外資買超排行　上櫃外資買超						
1	2330台積電	63.0	0	16,224	19,025,724	73.44%
2	2891中信金	18.95	△0.20	11,273	3,866,476	41.20%
3	2353宏碁	86.5	△0.5	10,844	1,600,792	59.52%
4	2317鴻海	131.0	0	10,690	4,502,096	52.47%
5	4938和碩	37.00	△0.40	10,612	561,317	24.55%
6	1101台泥	29.35	△0.70	9,610	1,039,051	31.56%
7	2002中鋼	30.40	△0.20	8,973	2,627,089	20.00%
8	1216統一	38.70	△0.45	8,148	1,644,423	42.19%
9	2881富邦金	39.50	△0.60	7,443	2,589,386	31.81%
10	6012金鼎證	11.75	0	6,717	21,438	1.97%

資料來源：奇摩股市

著多日，起漲時當日冒出上百億元大買超，通常表示波段行情開啟。但在行情漲了很多，卻冒出上百億元的大買超，則要特別謹慎，此時很可能是波段行情的結束。反之亦然。

外資對大型權值股的進出，或許是基於產業與個股的前景研判，但也可能是為了利用現貨影響大盤，從期貨上賺錢；或者賺大盤短線波動時的套利價差。至於外資對中小型股的持續買超，縱使短線不漲，或許是壓盤吃貨，仍可以密切留意。不過，必須特別留意外資發佈買進研究報告，卻反手大賣；或者發佈賣出報告，股價不跌，並開始逢低回補。言行不一的行徑，只能說兵不厭詐吧！

重點二：投信買賣時點、是否持續、及股價反應。投信為了同業間的績效競賽，通常會蜂擁搶進同一個有展望產業的股票，此時散戶跟單，多半報酬不錯。但如果投信積極買進，股價不漲反跌，這就是警訊，此時少碰為宜。

重點三：自營商選股參考性強。自營商是追求絕對報酬，在他們的世界裡，只有賺錢或賠錢，不像投信是跟大盤指數比誰漲得多、跌得少的相對報酬概念。因此自營商通常短進短出，選股也相當謹慎，賺了就跑，看錯也會立刻停損。

重點四：同向進出，看法一致。當三大法人進出同向，不論是同一產業或個股，通常表示投資標的有很好的展望，你可以相信法人的基本面研究功力，搭個順風車。

重點五：土洋對作，看法分歧。當法人之間出現分歧，這時就要特別小心。當然你也可以查一下過去歷史，當兩邊對幹時，通常哪一邊是贏家？不一定都是錢多的外資贏喔！哪邊屬於常勝將軍，跟著他就對了！

重點六： 法人作帳。月底、季底、年底、期貨結算等特別的時點，法人經常為了刻意營造績效，作帳拉抬股價。如果你發現法人重壓的股票慘遭套牢，出現作帳行情的機會也會增加。當然，偶而會出現刻意壓低股價，進行反作帳，但機率相對較小。

⊃ 反向思考外資買賣資訊

　　除了正向解讀，也可以反向思考。譬如說，當股市大跌一段之後，往往底部可以由法人的停損賣盤測試出來，簡單的說：當外資大買某檔個股卻不漲，或者大賣個股卻不跌，都有非常重要的意義。

　　以光磊為例，股價從**減資**掛牌後首日45元開始，就一路盤跌 3 個月。到了2月13日、14日腰斬至22元附近，自營商停損賣盤出籠，兩天各賣1000多張，外資也殺出5417張，隔天自營商一口氣賣超6958張，幾乎清光部位，股價打到20.3元最低點，結果卻以上漲3％，22.15元作收。之後股價也在12個交易日內反彈到29元。

　　法人的大規模停損賣盤出籠，股價卻不跌反漲，顯示未來股價極有可能展開一波反彈。類似的案例很多，投資人如果細心觀察，往往可以得到不錯的收穫。但是，股票市場是個爾虞我詐的地方，很多看到的事情，不見得是真相，甚至是刻意讓人看到的設局。舉例來說，外資是不是真外資，就是一個有趣的問題，例如，有些公司派可能利用海外子公司透過外資券商下單。

　　相對的，外資進出一定會透過外資戶頭下單嗎？答案當然不是肯定的。許多外資會與一些本土投資機構簽訂私

名詞解釋

減資

就是減少公司資本額。可能是為了彌補累積虧損，也可能是資本過大因此適度瘦身。前者的好處是可以將每股淨值提高，避免打入全額交割股或停止信用交易資格等，例如2009年的南亞科（2408）減資。後者的好處可以提高股東權益報酬率與本益比等財報數字，此外，降低股本的同時還可以發還現金給股東，例如2007年的聯電（2303）減資。

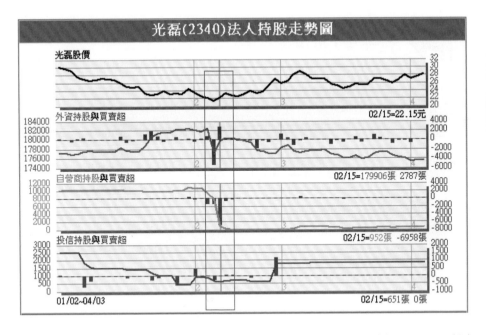

光磊(2340)法人持股走勢圖

光磊股價

外資持股與買賣超　　　　　　　　　　　　02/15=22.15元

自營商持股與買賣超　　　　　　　02/15=179906張　2787張

投信持股與買賣超　　　　　　　　02/15=952張　-6958張

01/02~04/03　　　　　　　　　　　　02/15=651張　0張

資料來源：Moneydj網站

下備忘錄，相互交換部位，例如對等交換50億元額度，之後產生的部位操作損益，再以其他交易方式移轉。這樣的好處是：外資可以先透過這類帳戶進行佈局，等到籌碼買足，再以外資帳戶買給所有市場人看，引發追價。當然此時先前使用的地下交換帳戶，就可以輕鬆的獲利了結。當然，借到外資額度的本土機構，也可以用類似方式，混淆市場焦點。

　　基本上，這類混淆視聽的作法，並不是三大法人當中的主流。之所以提醒讀者注意，是希望大家在閱讀資訊時，也要有一定程度的警覺。不要看到外資大買，就認為一定是百分之百的買進訊號。或者是看到外資連續賣超，就認為一些小型股一定會開始崩跌。解讀資訊時，必須先明白攤在陽光下的資訊，也可能是用來騙人的道理。

三大法人進出表

6 股票管理小技巧之二：認識股票行情表

股票行情表是每天回家後最需要閱讀的資訊。讓你可以感受到大盤、類股、以及個股的報價和表現。幫助你由上而下了解股市概況。

認識股票行情表

想要以最快的速度，瀏覽過去一天股價表現，就得去看股票行情表。雖然各家媒體在股票行情表的設計上，設定的欄位選項不一，呈現型態也大異其趣，聯合報甚至只剩下名稱、收盤價、漲跌與成交量四個欄位，連股票代碼都省了，精簡到不行。

但是即使媒體再怎麼珍惜版面，一定還是會騰出1~2個版面刊登股票行情表，因為這是提供讀者最快掌握整體報價的方式。股價行情表的最上方，一定會提供上市櫃加權指數，漲跌點數與漲跌幅度，還有最高與最低指數，成交值（金額）與成交量（張數）等基本數據。有時還會附上一天的走勢圖，幫助大家感受大盤的震盪幅度與走勢。

如果比較詳細一點的股價行情表，還會列出次日漲停板與跌停板價格、個股的股本、每筆張數、本益比與股價淨值比、或是一些技術指標數值，例如RSI、KD、乖離率、或MACD，有些還會列出平均線數值，例如周線與月線的目前價位，或是均量等數據，目的都是提供讀者一個快速的簡單參考。

除了大盤指數，有些媒體還會列出產業分類股價指數，提供九大類

◎ Yahoo奇摩股市的類股行情表

股或完整的二十九類股走勢。為了凸顯各類股與大盤的相對強弱，圖表
上還會並列大盤與類股指數的走勢，讓讀者感受到哪些產業是引領大盤
的重心，哪些產業表現比較疲弱。

　　此外，有些媒體還會提供其他國家股市的漲跌狀況。畢竟，現在
是個地球村的時代，一國的股市，是很難自外於全球走勢，自己獨漲獨

看行情表了解當天股票表現

今天行情如何？
台泥收盤價多少？

今天大盤上漲69點，成交
金額1609億元，三大法人
買超……等一下，你自己不
會去看股票行情表啊！？

147

◎ 全球主要指數收盤行情

指數名稱	日期	收盤價	漲跌	漲跌幅	近一週漲跌幅	近一個月漲跌幅	近三個月漲跌幅	今年以來漲跌幅
全球主要指數收盤行情								
美國地區								
道瓊指數	03/12	10,624.69	+12.85	+0.12%	+0.55%	+5.20%	+1.46%	+1.89%
那斯達克指數	03/12	2,367.66	-0.80	-0.03%	+1.78%	+8.43%	+8.10%	+4.34%
S&P500	03/12	1,149.99	-0.25	-0.02%	+0.99%	+6.93%	+3.94%	+3.13%
藍籌指數	03/12	1,174.55	+2.05	+0.17%	+0.46%	+5.06%	+1.67%	+2.02%
羅素2000	03/12	676.59	-0.63	-0.09%	+1.59%	+10.79%	+12.70%	+8.19%
美5年公債(%)	03/11	2.43	+0.04	+1.67%	+6.58%	+1.67%	+7.52%	-9.67%
美10年公債(%)	03/11	3.73	0.00	0.00%	+3.32%	0.00%	+5.07%	-3.12%
美30年公債(%)	03/11	4.66	-0.03	-0.64%	+2.19%	-0.64%	+3.79%	+0.65%
CRB指數	03/11	273.39	-1.23	-0.45%	-0.51%	+1.36%	+0.93%	-3.53%
費城半導體	03/12	355.37	-1.79	-0.50%	+1.09%	+6.77%	+6.00%	-1.26%
AMEX Networking	03/12	256.35	-1.71	-0.66%	+2.52%	+12.95%	+12.75%	+10.95%
AMEX Internet	03/12	245.66	-0.58	-0.24%	+2.80%	+10.06%	+8.03%	+5.05%
TITAN 50	03/11	171.16	+0.17	+0.10%	+2.03%	+5.06%	-0.95%	-1.43%
NBI生技指數	03/12	936.84	-1.15	-0.12%	+1.89%	+7.84%	+15.00%	+11.06%
BTK生技指數	03/12	1,228.04	-5.55	-0.45%	+4.66%	+23.77%	+34.90%	+30.35%
亞洲地區								
日經指數	03/12	10,751.26	+86.31	+0.81%	+3.69%	+6.53%	+6.37%	+1.94%
韓股綜合	03/12	1,662.74	+6.12	+0.37%	+1.72%	+4.33%	+0.35%	-1.19%
恆生指數	03/12	21,209.74	-18.46	-0.09%	+2.03%	+4.64%	-3.16%	-3.03%
香港國企指數	03/12	12,173.28	+3.24	+0.03%	+2.06%	+5.52%	-6.12%	-4.85%
香港紅籌指數	03/12	4,148.38	-25.79	-0.62%	+2.91%	+3.59%	+3.55%	+2.18%
上證A股指數	03/12	3,159.83	-39.80	-1.24%	-0.58%	-0.15%	-7.22%	-8.08%
上證B股指數	03/12	247.91	-1.72	-0.69%	-1.80%	-0.97%	-2.81%	-1.78%
上證指數	03/12	3,013.41	-37.87	-1.24%	-0.58%	-0.16%	-7.20%	-8.05%
深圳B股	03/12	615.07	+1.74	+0.28%	+0.49%	+4.07%	-3.18%	-1.74%
深圳綜合	03/12	1,147.44	-16.02	-1.38%	-1.20%	+1.50%	-5.85%	-4.49%
星股海峽	03/12	2,881.36	+7.45	+0.26%	+3.26%	+4.44%	+2.88%	-0.56%
泰股SET	03/12	733.34	+7.39	+1.02%	+1.30%	+5.06%	+4.22%	-0.16%

資料來源：Moneydj

跌。充其量，應該也只是漲多漲少或跌多跌少這種相對強弱勢的表現差異。投資人可以參考全球其他國家股市累積一段期間的漲跌幅度，作為台股走勢的參考。

對於每天忙碌，沒有時間全程看盤的人來說，股價行情表是每天回家後最需要閱讀的資訊。讓你可以感受到大盤、類股、以及個股的報價和表現。幫助你由上而下了解股市概況。

股價行情表

對於沒有時間全程看盤的人來說，股價行情表是每天回家後最需要閱讀的資訊。

7 股票管理小技巧之三： 認識成交值排行榜

「今天盤面哪些是強勢族群啊？」「從成交值排行來看，前十名當中，電子股就佔了八名，已從傳產與金融手上奪回主導地位了。」

成交值個股排行榜參考價值高

　　成交值的個股排行榜，具有非常重要的參考價值。如果行情確定會有一波多頭走勢，可能是三、五百點，你臨時又不知道該買哪些股票，最簡單和輕鬆的作法，就是從當時盤面上成交值前20名的股票當中，選一檔股價上漲，且成交值比昨日還多的股票，此時就有非常高的機會隔天會續漲，就可以輕鬆賺一筆機會財。

　　從排行榜上，可以清楚看出人氣匯集所在。並從這些大型股的漲跌表現，推論出哪些族群可能轉強，哪些族群可能轉弱。

　　以右圖為例，我們可以看到2008年4月7日當天，成交值前20名的名單上，電子佔了11檔、金融佔了5檔、傳產佔了4檔。顯示這是一個電

◎ 前二十大成交值個股

名次	股票代號/名稱	成交價	漲跌	漲跌幅	最高	最低	價差	成交張數	成交值(億)
1	2454 聯發科	402.50	▽10.50	-2.54%	407.50	396.50	11.00	12,897	51.6808
2	2317 鴻海	182.50	△5.00	+2.82%	183.00	179.00	4.00	27,518	49.6677
3	2409 友達	55.50	△0.20	+0.36%	56.00	55.00	1.00	62,663	34.7617
4	2354 鴻準	203.00	▲13.00	+6.84%	203.00	193.50	9.50	16,311	32.3296
5	1301 台塑	87.60	△0.30	+0.34%	88.00	86.70	1.30	36,638	31.9323
6	2330 台積電	65.00	△0.60	+0.93%	65.10	64.20	0.90	45,592	29.5872
7	2498 宏達電	687.00	△10.00	+1.48%	687.00	677.00	10.00	4,154	28.3235
8	2882 國泰金	79.80	△1.90	+2.44%	79.80	77.30	2.50	34,090	26.8669
9	2881 富邦金	34.30	0.00	+0.00%	34.45	33.70	0.75	62,748	21.4409
10	3481 群創	90.10	△0.40	+0.45%	90.60	87.80	2.80	22,982	20.5189
11	2618 長榮航	19.50	▲1.25	+6.85%	19.50	18.45	1.05	100,383	19.2480
12	2474 可成	128.50	△0.50	+0.39%	130.00	125.50	4.50	14,878	19.0583
13	1402 遠紡	50.00	△2.50	+5.26%	50.40	47.70	2.70	38,088	18.7908
14	2892 第一金	33.80	△1.15	+3.52%	33.90	32.15	1.75	53,008	17.5609
15	2891 中信金	29.40	△0.40	+1.38%	29.60	29.00	0.60	58,015	17.0280
16	2412 中華電	78.90	△0.60	+0.77%	79.00	77.20	1.80	20,343	15.8283
17	1722 台肥	122.50	△2.50	+2.08%	123.50	118.00	5.50	11,774	14.3162
18	1303 南亞	75.00	△0.80	+1.08%	75.00	73.30	1.70	19,179	14.2083
19	2885 元大金	28.95	△1.10	+3.95%	28.95	27.55	1.40	44,650	12.7360
20	2353 宏碁	58.70	△1.10	+1.91%	59.00	58.20	0.80	21,264	12.4379

子與非電子保持均衡的盤勢，資金流向並不會過於偏重哪一方。

其次，鴻海家族的股票特別強勢，鴻準爆量漲停、鴻海股價也收在一天之內接近相對最高價格的位置，群創也由黑翻紅。另外，總統大選剛剛結束，市場也對於三通與金融開放題材代表的航空與資產股，反應熱烈。

至於IC設計龍頭聯發科，則是爆量收黑，顯示市場擔心**員工分紅費用化**對IC設計族群的衝擊。也因此前20名之內，並沒有看到其他IC設計龍頭股的蹤影。

從這一張表中，可以看出一天之內市場關切的許多故事。當然，在這天，並沒有看到大尺寸面板龍頭、DRAM（動態隨機存取記憶體）、或IC封測等大型股的影蹤。沒有進榜，也是另一種訊息。

此外，如果能夠對照前一日的排名，觀察出這些入榜者，是進一步提升，還是名次下滑，就可以得到更多有意思的資訊。

想要了解人氣所在，還有一種方式就是觀察當天漲跌停板股票。以下圖2008年4月25日的漲幅前30名個股為例，我們可以看看這些公司擁有哪些共同特質，例如是偏向高價位股？還是低價位股？有沒有大型股？還是一些冷僻的股票？有沒有偏向哪些產業題材？還是個股自身題材？由於漲停股票多半具有族群領頭羊的重要意義，如果出現大型又是產業龍頭股時，更值得特別留意。

名詞解釋

員工分紅費用化
過去台灣電子產業為了吸引員工，率先採用配發股票作為績效分紅。但從2008年起，員工分紅必須以股價的市價，列為帳面上的費用。

◎ 漲幅前30名個股

名次	股票代號/名稱	成交價	漲跌	漲跌幅	最高	最低	價差	成交張數	成交值(億)
	資料日期：97/04/25 13：30			上市漲幅排行				上櫃漲幅排行	
1	4119 旭富	85.70	▲5.60	+6.99%	85.70	82.60	3.10	1,106	0.9446
2	2617 台航	67.50	▲4.40	+6.97%	67.50	67.50	0.00	3,048	2.0574
3	1735 日勝化	15.40	▲1.00	+6.94%	15.40	14.80	0.60	1,399	0.2147
4	1730 花仙子	14.65	▲0.95	+6.93%	14.65	13.70	0.95	2,263	0.3287
5	6172 互億	7.89	▲0.51	+6.91%	7.89	7.50	0.39	2,880	0.2266
6	2429 永兆	2.33	▲0.15	+6.88%	2.33	2.33	0.00	2	0.0001
7	3534 雷凌	273.00	▲17.50	+6.85%	273.00	252.00	21.00	4,797	12.7994
8	6145 勁永	19.65	▲1.25	+6.79%	19.65	18.60	1.05	15,096	2.9486
9	1225 福懋油	16.55	▲1.05	+6.77%	16.55	16.05	0.50	9,741	1.6062
10	3518 柏騰	221.00	▲14.00	+6.76%	221.00	207.00	14.00	1,679	3.6179
11	2451 創見	118.50	▲7.50	+6.76%	118.50	113.50	5.00	6,689	7.8713
12	1724 台硝	18.95	▲1.20	+6.76%	18.95	18.45	0.50	8,359	1.5802
13	2348 力廣	18.15	▲1.15	+6.76%	18.15	17.00	1.15	815	0.1461
14	3051 力特	11.10	▲0.70	+6.73%	11.10	10.45	0.65	24,849	2.7414
15	3021 衛道	9.39	△0.59	+6.70%	9.39	8.80	0.59	28	0.0025
16	2612 中航	120.00	▲7.50	+6.67%	120.00	116.50	3.50	4,325	5.1251
17	3049 和鑫	11.35	▲0.70	+6.57%	11.35	11.00	0.35	20,783	2.3457
18	1469 理隆	15.20	△0.90	+6.29%	15.20	15.20	0.00	2	0.0003
19	1731 美吾華	20.40	△1.15	+5.97%	20.55	19.85	0.70	9,255	1.8830
20	2494 突破	3.94	△0.22	+5.91%	3.94	3.94	0.00	1	0.0000
21	2408 南科	20.40	△1.10	+5.70%	20.65	19.35	1.30	68,230	13.8315
22	3519 綠能	226.00	△12.00	+5.61%	228.50	208.00	20.50	2,670	5.8821
23	2379 瑞昱	89.10	△4.10	+4.82%	90.00	85.20	4.80	16,365	14.4105
24	2381 華宇	5.45	△0.25	+4.81%	5.45	5.20	0.25	3,360	0.1783
25	2403 友尚	32.30	△1.45	+4.70%	32.50	30.60	1.90	12,056	3.8402
26	6239 力成	124.50	△5.50	+4.62%	126.50	120.50	6.00	11,526	14.1995
27	1708 東鹼	48.95	△2.10	+4.48%	50.10	48.00	2.10	9,720	4.7961
28	9939 宏全	36.30	△1.50	+4.31%	37.20	35.60	1.60	14,038	5.1407
29	2472 立隆	12.30	△0.50	+4.24%	12.60	11.80	0.80	3,064	0.3805
30	3450 聯鈞	27.60	△1.10	+4.15%	27.80	26.80	1.00	2,965	0.8108

成交值排行榜

chapter 5

活用股票投資策略
穩賺不賠

1 買進績優股，長期投資

2 分批買賣規避風險

3 固定價位投資法

4 三角形投資法

5 賺多少錢賣出才合理？

6 賠錢了也要賣嗎？

7 融資融券開戶與操作技巧

8 做好資產配置，不要盲目使用
  融資融券

9 嚴格執行停利停損，用法人的
  心態買賣股票

10 養成定期檢視持股的習慣

11 買股票貴精不貴多

1 買進績優股，長期投資

蔡爸經常工作一忙，就連睡覺的時間都不夠。他知道自己只適合長期投資，要買就買績優股，就算股災發生，一樣也能夠睡得著。

　　投資，是需要一件小心呵護、認真努力、與耐心處理的課題。所有型態的投資，不論是投資股票、投資個人健康、投資自己取得更高深的學位或技能，都需要費心努力，才能獲得好的結果。

　　但在工商社會中，大家生活忙碌，很難聚精會神關注太多的事。稍一閃神，可能就會像棵盆栽，突然感染病蟲害，結果一發不可收拾。如果知道自己無法全心全力照顧自己的投資，最好的方式，就是先選擇一個體質強健的投資標的，並做好定期檢查，可以相對輕鬆省力。

產業龍頭股報酬率勝過股票型基金

　　我曾在民國86年到90年之間做過一個測試，以10檔產業龍頭股作為一個虛擬投資組合，5年之間不做任何持股調整。赫然發現，這個組合每年報酬率，可以擊敗絕大多數的股票型基金，甚至榮登年度績效冠軍，

除了其中一年跌幅較大，其餘 4 年都在整體基金排名前六分之一以上。5 年結算下來，報酬率排名仍在前20名之內。

這10檔投資組合，選擇1997年當時各主流產業的龍頭股，包括：台積電、聯電、鴻海、日月光、智邦、明基、華邦電、中環、精英、與南亞，各持股十分之一。

選擇的方式，先確定當時投資主流的產業，當時當然是電子股。然後選擇當紅次產業：晶圓代工、系統廠商、IC封測、網通、手機、雙D族群（DRAM與光碟片）、主機板、與多角化的南亞等。

選擇標準除了DRAM屬於景氣循環強烈的股票外，清一色符合333原則：毛利率 3 成、每年營收成長 3 成、配股 3 元，此外，每日成交金額

◎ 產業龍頭股組合VS.股票型基金

排名	90年度Top30		89年度Top30		88年度Top30		87年度Top30		86年度Top30	
	大盤指數	17.1%	大盤指數	-43.9%	大盤指數	31.6%	大盤指數	-21.6%	大盤指數	18.1%
1	CP04 保誠外銷	80.7%	NC13 建弘小型精選	-15.8%	產業龍頭股組合	113.6%	ML01 保德信元富高成長	16.8%	CP03 保誠高科技	89.3%
2	CP10 保誠中小型	80.4%	ML01 保德信元富高成長	-23.2%	JF76 怡富科技	94.0%	CI07 匯豐龍馬電子	11.2%	CA03 群益馬拉松	84.2%
3	BR03 悟立磐石	77.2%	TR01 悔山永豐	-23.6%	ML07 保德信元富科技島	91.9%	CA03 群益馬拉松	7.6%	CP04 保誠外銷	78.7%
4	ML02 保德信元富金滿意	72.0%	TC01 大眾基金	-25.4%	JF03 國際精準	88.1%	FP03 國際電子	6.4%	ML02 保德信元富金滿意	75.3%
5	產業龍頭股組合	70.5%	0028 群益店頭	-25.6%	NC13 建弘小型精選	84.4%	DF03 德信大富	3.8%	FP04 富邦長紅	71.3%
6	0021 台灣富貴	67.1%	I110 國際中小	-27.0%	US03 聯合領航科技	84.2%	0004 國際置富	1.2%	FP08 富邦88	71.0%
7	TI04 金鼎寶鑽	65.0%	0017 寶來2001	-27.7%	JF83 景順中信台灣科技	84.1%	YT04 元大卓越	0.0%	FP01 富邦福	69.8%
8	NC16 建弘電子	60.4%	DF05 德信全方位	-28.1%	JF78 怡富中小	81.6%	JF76 怡富科技	-0.7%	JF76 怡富科技	69.2%
9	PS10 統一奔騰	58.4%	FH03 復華高成長	-32.0%	YT09 元大高科技	81.4%	YT03 元大多多	-1.7%	CP07 保誠高科技	69.0%
10	JF83 怡富中小	56.9%	JF51 怡富增長	-32.5%	TI02 金鼎大利	79.4%	CP03 保誠高科技	-2.0%	CP01 保誠精峰	66.9%
11	0028 金鼎概念	56.8%	0002 建弘福元	-32.7%	III1 國際電子	76.9%	CP04 保誠外銷	-3.0%	PS01 統一全天候	62.7%
12	PS09 統一鑽建	56.7%	0013 永昌基金	-33.0%	CA03 群益馬拉松	76.3%	TS07 新光競藍笠	-3.5%	FP09 富邦精準	62.5%
13	CA03 群益高科技	56.3%	TS08 新光國建	-33.3%	CI07 匯豐龍馬電子	74.9%	CI05 匯豐龍馬	-3.5%	CS02 景順中信潛力	61.3%
14	CA09 群益創新科技	55.7%	NC09 建弘福王	-33.6%	YT04 元大卓越	73.8%	ML02 保德信元富金滿意	-3.9%	YT02 元大多福	57.0%
15	CI01 匯豐基金	55.1%	TS10 新光店頭	-34.0%	YT12 元大績優	73.0%	NC03 建弘雙福	-3.9%	ML01 保德信元富高成長	54.0%
16	PS03 統一一勝	51.9%	ML07 保德信元富科技島	-34.0%	JS03 日盛上選	72.6%	TS02 台灣永豐	-4.6%	NC09 建弘福王	53.9%
17	PS03 統一龍馬	51.5%	PS02 統一黑馬	-34.3%	TS07 新光競藍笠	71.0%	ML06 保德信元富第一	-5.1%	0016 保誠光鋒	52.3%
18	0028 群益店頭	50.9%	PS03 統一龍馬	-34.4%	YT02 元大多福	71.0%	FP06 富邦經典	-5.4%	PS03 統一一勝	48.0%
19	JS03 日盛上選	49.1%	FP04 富邦長紅	-35.0%	TS08 新光國建	70.6%	CP07 保誠菁萃	-6.0%	產業龍頭股組合	47.7%
20	TI02 金鼎大利	48.1%	CA03 群益馬拉松	-35.3%	CI01 匯豐基金	70.5%	TS08 新光國建	-6.1%	0004 國際置富	46.7%
21	III1 國際電子	47.7%	US06 聯合哥倫布	-35.5%	PS10 統一奔騰	69.3%	AI01 友邦巨人	-7.1%	CI07 匯豐龍馬電子	46.1%
22	0005 匯豐成功	47.7%	ML06 保德信元富第一	-36.4%	CP07 保誠菁萃	68.8%	JF51 怡富增長	-8.4%	TS10 新光店頭	43.4%
23	TS10 新光店頭	47.3%	JF76 怡富科技	-36.5%	0028 群益店頭	68.7%	NC03 建弘雙福	-8.8%	FP06 富邦經軍	42.9%
24	PS02 統一黑馬	47.1%	CI01 匯豐基金	-36.7%	CP04 保誠外銷	68.6%	TI02 金鼎大利	-10.6%	0020 保德信元富基金	41.5%
25	CI12 匯豐台灣精典	46.9%	ML09 保德信元富中小型	-37.0%	FH03 復華高成長	67.3%	0020 保德信元富基金	-11.9%	KY01 寶來績效	41.4%
26	BR05 悟立高科技	46.4%	PS01 統一全天候	-37.7%	TS10 新光店頭	64.3%	YC04 永昌店頭	-12.2%	0021 台灣富貴	40.5%
27	UI03 群益精選科技	45.8%	TS12 新光寶典30	-37.8%	III0 國際中小	64.2%	KH03 祫誠年華基金	-12.4%	0027 元大中圖	40.1%
28	CA04 群益長安	44.4%	FP11 富邦科技	-37.8%	YT02 元大多福	63.4%	PS01 統一全天候	-12.9%	JF51 怡富增長	37.0%
29	FP10 富邦大利	44.1%	CA04 群益長安	-37.8%	TS09 新光創新科技	63.2%	YT03 元大多多	-13.3%	FP03 國際電子	36.8%
30	ML09 保德信元富中小型	42.6%	AP01 金亞太基金	-38.6%	CI05 匯豐龍馬	62.3%	產業龍頭股組合	-13.8%	0018 統一統信	36.6%
31	AP01 金亞太基金	42.2%	產業龍頭股組合	-62.00%	CP03 保誠高科技	58.3%	NC07 建弘萬得福	-13.8%	UN01 瑞銀小龍	35.9%

也都在上市公司的前30名。當然，這中間面臨取捨問題，也需要一些人為判斷，不過，只要以類似的精神概念去做，結果也不會相差太遠。

這樣的虛擬組合，儘管 5 年期間不調整持股，甚至經歷了兩次萬點多頭，以及2000年第二季開始到2001年間的科技產業泡沫調整期，卻仍能擊敗絕大多數殺進殺出的投信基金表現。

這種選擇當時主流產業龍頭股，進行 3 到 5 年的長期投資，每年績效都能表現優異的作法，至今仍能適用。我相信，未來也能夠繼續創造優異的績效表現，因為績優股的表現勝過大盤，是天經地義的。

定期檢視績優股競爭力

當然，從這份名單中可以看出，許多當時的績優股，隔了幾年，可能因為競爭力衰退或是產業重大變化，導致不再績優，甚至變成「積憂」，此時就可以考慮踢出長期投資組合，讓成分股保持最佳之選。

如果將這樣的作法拿到現在，由於當下的投資潮流，增加了中概股與諸多新科技產業，如果要重新設定10檔未來 5 年為期的虛擬投資組合，可能會設定為：台積電、新奇美、宏碁、台達電、晶電、聯發科、聯強、中鋼、正新、與富邦金。我的想法是：節能環保、全球品牌、與中國內需市場是未來重要趨勢的前提下，電子股選擇 7 檔，代表 7 個重要次產業。然後其餘 3 檔選擇兼具中國概念傳產和金融股。

當然，必須聲明：這中間夾雜一些個人判斷，例如金融股你也可以

選擇國泰金、元大金等等。或者不選鋼鐵股，而選水泥類的台泥或亞泥等，也都可以。這是見仁見智的問題，重點在於只要秉持這個投資組合的精神，是可以達到擊敗多數投信基金操作績效的效果。

為什麼單純選擇幾檔績優股，績效竟能如此優異？

　　說實在的，在股票市場上一般機構法人要能長期擊敗大盤指數並不是容易的事情。我們這種作法，等於選擇指數成分股當中更具有強勁成長力的公司，因為：他們是站在對的趨勢上頭，本身擁有堅強的競爭力，所以股市漲的時候少不了他們；大盤跌下來的時候，他們是績優股，往往也是最後落後補跌，且跌幅會相對較少。

　　談到績優股，就得說到市場評價的問題，講俗一點，也就是你買的股票到底便不便宜？一般市場共通的看法，認為股價的目標價位，是由EPS乘上本益比而得。舉例來說，一檔每股獲利 4 元的公司，市場如果給

予 6 倍的本益比，目標價就是24元。如果市場給予20倍本益比，目標價就是80元。

影響本益比的因素有哪些

EPS是公司努力而得，本益比卻是市場賦予。但我們會發現一個經常出現的冷酷現實：都是每股賺 4 元的公司，盤面上同一時刻，就是有人股價80元，也有人股價不到30元，差別就在本益比，前者給了20倍，後者只有7.5倍。

因此，我們經常聽到一些上市櫃公司老闆抱怨股價委屈，其實，講的就是自己本益比偏低。本益比為什麼會有差別呢？可參考下圖，影響本益比的因素，包括大盤環境、產業族群、還有個別公司的股性差異。

⊃ 大盤環境

股市在6000點時，以當年度的每股盈餘預估，整體而言，各族群普遍在 8 到15倍之間。如果股市熱到9000、10000點時，本益比普遍可達到20倍以上，甚至某些題材超夯的族群，本益比還會飆到40倍。

但是，股市如果跌到4000點時，獲利的公司不分體質不分好壞，本益比普遍壓縮到 6 到 8 倍之間。虧損的公司當然沒有本益比可言，更是朝向跌破每股淨值後尋找支撐，看看0.6倍或0.5倍股價淨值比（PBR）能不能止跌。

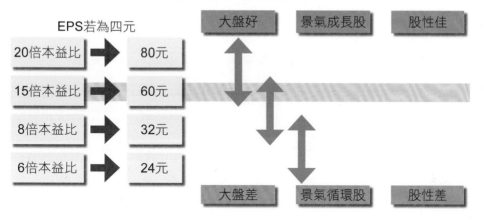

◎ 影響本益比的因素

EPS若為四元

20倍本益比	➡	80元
15倍本益比	➡	60元
8倍本益比	➡	32元
6倍本益比	➡	24元

大盤好　　景氣成長股　　股性佳

大盤差　　景氣循環股　　股性差

⊃ 產業族群

　　本益比高低的第二個影響因素，就在於產業族群。高本益比的族群，表示產業處於高成長，例如近年來的LED、太陽能、IC設計、生技等產業，往往本益比就是高人一等。相對於成長型的產業，就是景氣循環的產業，一年當中存在明顯淡旺季，例如食品、紡織、航運與航空、汽車等，還有一些傳產型的電子族群：如印刷電路板、個人電腦周邊零組件與沖壓廠等，這些景氣循環股本益比就會給得比較低，除非這些產業能夠打破景氣循環，展開新的高度成長。

⊃ 個股股性

　　第三個因素就是個股本身。好的績優股與產業龍頭股，往往能夠獲得比同業更好的本益比評價，甚至在整體上市公司中也會屬於比較高的

本益比族群。就如鴻海集團股票，本益比輕易就能達到20倍以上，台積電也經常性的維持在15倍本益比之上，遠高於其他公司評價水準。

這裡我們要提到一個股性的概念。就像每個人都有個性，每檔股票也都有它的股性。股性活潑就像個性好的人，投資人就會比較喜歡親近，想買的多，本益比也比較高。相對的，股性冷的股票，每天成交量稀稀落落，想賣股票的人得用比較不理想的價格賣出，想買的人看到流動性有問題而減少買進意願，久而久之，股價也容易淪落到比較低的本益比。

此外，某些股票會給人賭場詐賭的感覺。通常，只要在市場上騙過人的股票，就會留下惡名。賠過錢的法人或散戶，習慣上會敬而遠之，一些聰明的投資人也會懂得事前探聽，一聽到名聲不好、股性太差的公司，就寧可換別的股票去玩。

享有相對較高本益比的企業，股價表現並不會輸給大盤甚至絕大多數的股票，甚至會領先大盤上漲。當大盤出現重挫或空頭走勢，這些好公司會吸引避險買盤進場，本益比修正幅度也會低於其他公司。因此，不管是短線操作或長期投資，績效報酬不僅穩健，甚至是優異。

投資人只要選擇績優股好好擺著，唯一要做的就是每隔一段時間確認這些標的還夠不夠資格列在投資組合。這麼做，其實很輕鬆，讓績優企業專業經營團隊為你打拚，讓市場機構法人等投資人為你守護股價。選擇績優股長期投資，不是很輕鬆嗎？

 **本益比**

「本益比＝
股價／每股稅後純益」

「好的績優股與產業龍頭
股，往往能夠獲得比同業
更好的本益比評價。」

2 分批買賣規避風險

蔡媽媽買股票，老愛計較一毛兩毛，一次下手，買貴了心情不好，看到隔天一跌就要抓狂。好朋友告訴他，不如分批買進，不但規避風險，也可以預留操作彈性。

「買到最低、賣到最高」，應該是每個投資人夢寐以求的事，如果一買就漲；一賣，股價就開始崩盤，心中的喜悅真是難以言喻。但是，坦白說，這種機會微乎其微。因為，股市裡只有人，沒有神，誰能這麼幸運的每次神準？比較理想的操作方式是，買進時，分批進場；賣出時，分批賣出。分批的依據，可以依照時間，定期買進；也可以依照設定價位，碰觸到了就買進。這種機械式的作法，可以大幅降低風險。

分攤成本和風險

以定時定額買進特定一檔股票為例。假設每個月投入 6 萬元，固定去買一檔10元的股票。不論後來碰到多頭市場，或者是空頭市場，我們可以清楚的看到，股票的平均單位成本都低於平均市價，顯示定期定額

的作法，具有分攤成本與分攤風險的功能。

當然，股市空頭時刻，價格不斷往下跌，但相對也可以買得到較多的股數（請見下圖右半部買進股數）。只要這檔股票哪天峰迴路轉，再展雄風，先前多買的單位數，將會迅速發揮創造獲利的功效。這個概念跟基金定時定額是一樣的。

月份	資金	股市多頭時期		股市空頭時期	
		股價	買進股數	股價	買進股數
元月	6萬元	10元	6000股	10元	6000股
二月	6萬元	12元	5000股	8元	7500股
三月	6萬元	15元	4000股	6元	10000股
四月	6萬元	16元	3750股	6元	10000股
五月	6萬元	20元	3000股	5元	12000股
合計	30萬元		21750股		45500股
平均單位成本		13.79元 300000/21750=13.79		6.59元 300000/45500股 =6.59	
平均市價		14.60元 （10+12+15+16+20）/5=14.6		7.00元 （10+8+6+6+5）/5=7.00	

當股市多頭的時刻，股價越到後期通常漲勢越凌厲。先前分批買進的股票，讓你在低檔時刻建立的部位，擁有較低的平均單位成本（上圖中為13.79元）。

甚至你會發現，這麼低的平均成本，是靠元月與二月低價買進較多的單位數，才能拉低。畢竟，三、四、五這後面三個月的買進單位價格，都已經高於平均成本。這意味著一個好現象：這種作法可以避免臨時起念的追高動作。

而且，如果盤勢突然回檔，譬如從20元回檔到17元，一口氣跌掉15％，很多人會不知所措，不知道該賣還是該買好。但平均成本僅13.79元時，可擁有相對從容的處分觀察時間，心理壓力不會這麼重。

小買測水溫

分批買進也是法人經常會有的作法。但也許是分成數十天低調買進，也許是分成幾批，依照價格或盤勢狀況分次進場。在這過程進行初期，有一個非常值得分享的作法，叫做試單，也稱為「測水溫」。作法是先小買個幾張，納入投資組合，然後觀察幾天，感受一下這一檔股票的活潑程度，了解它的股性，之後擬出合適的操作策略。

例如，有些中小型股票一見到買盤進場，就會出現賣壓。這有幾種可能，或許意味「怨氣頗深」，上檔套牢賣壓沉重，一見到買盤就趕快拋貨。碰到這種情況，自己操作部位要正式買進時，策略上就可能採取分批逢低承接，甚至誘導賣盤湧現，才能買在相對低的價位。

當然也有可能表示這檔股票背後有主力照顧，不歡迎閒雜人等進場，此時如果不想摸摸鼻子，早點離開。不然就是耐心低掛買單，慢慢

買。但切記不要被**主力**先行拉高的障眼作法騙去追高。

　　這就是法人測試水溫的好處，有點像是兩軍對峙前先派出前鋒斥候部隊。一般投資人資金實力雖然不至於這麼大，但如果想要重壓某檔股票，也可以考慮這樣的試單作法，非常有助於了解一檔股票的籌碼面狀態，也就是「買了，就會有感覺」。等到感受完畢，再分批進場，建立原先預定買進的數量。

名詞解釋

主力

也稱為作手，中國大陸稱為莊家，就是打牌時做莊的人。藉由掌控股票，透過吃貨、洗盤、拉抬、出貨的程序，賺取暴利。主力可能是公司派、機構法人、專業炒手、或市場金主。

分批買進

3 固定價位投資法

Terry的公司近來業績大好，連周六周日都得去加班。
公司同仁看到公司股價一接近50元就紛紛搶進，Terry
也決定為自己多賺點額外的加班津貼。

在股票市場中，我們經常會發現一些公司的股價，長年是在一個大
箱型中整理。例如台積電從2002年至今，低點在40元附近，高點在70元
附近。如果長線投資人設定在50元以下買進，大約 2 年之內，就有 4 成
的報酬率。

原則：「只管量、不管價」

當你堅定看好一檔股票，認為投資價值浮現，下檔空間又有限，就
可以採取固定價位投資法。買進的時候，把握的原則是：「只管量、不
管價」，有多少籌碼就收多少，一切以取得想要的數量為優先，這是一
種對公司基本價值的強烈信念。

與前面機械式的分批買進概念不同。分批買進的概念，其實對於公
司核心價值與股價走勢並不是這麼確定。但固定價位以下就進場，是基

於對公司體質的深刻瞭解與信心。

如果碰到大盤出現系統性風險，例如台海飛彈危機、兩國論、或是美國九一一事件等突發性利空，大盤出現恐慌性賣壓，異常超跌，不管好股爛股一起重挫，這正是難得的買進時點。很多資深證券人士都會把這樣的事件，當成一次絕佳的財富重分配的機會。

很多人會覺得，如果買進價格差了5％、10％，豈不是差很多嗎？為什麼不看準再買。

事實上，假設這檔股票基本面有重大爆發力，長線看好，或者是股價已經大跌一段，明顯超跌，投資價值相當誘人。此時，投資人選擇在20元買進，或是22元買進，看似差了2元、約一成價差，感覺差很多，但如果這檔股票有機會漲到60元，回頭來看，當初2元的買進價差，跟之後的40元的獲利空間比起來，實在是微不足道。

尤其是股價漲勢到了後來，每天上漲的價格，也會大幅放大。例如40元時一個漲停就是2.8元，50元一個漲停就是3.5元。這些跟最初2元的買進價差相比，賣得好，比買得早似乎更重要。

如果看好的信念並不堅定，就算是20元買到，如果25元就下車，獲利相對有限，後面一大段還是沒賺到。因此，固定投資法的特點，就是看遠不看近，投資眼光要放遠。畢竟，買得早不如買得好，買得好不如抱得牢。

固定投資法和優質集團股最速配

此外，一些優質的集團股，使用固定投資法，效果尤佳。以生產DRAM的南亞科技（簡稱南科）為例，基本上台塑集團的股票是不容易下市的。但是DRAM市況經常是大賺大賠，有時候單季虧損動輒數10億元，但是賺錢時也是數到手軟。

我們就可以發現，如果南科跌到20元以下，就找機會買進，從它掛牌以來，一共有 6 次這樣的機會。前面 5 次如果就算選在20元處買進，最多擺上半年，之後都會迅速上漲，獲利空間都在 5 成以上。

這是因為南科的每股淨值已經達到15元以上，加上台塑集團的強力奧援，使得南科有它基本的投資價值。

類似的狀況，還有鴻海集團、台積電、華碩、長榮集團、中鋼、以及中信金、富邦金等銀行股，市場敢在市況不佳時，碰觸到歷史低檔

◎ 南亞科技走勢圖

股價 97/04/01 開 18.3 高 19.5 低 18.0 收 19.05↑元 量 91195張 +0.95(+5.25%)
指標▼參數▼ MA5 18.25↑ MA10 20.21↓ MA20 23.39↓ MA60 23.07↑ MA120 N/A MA240 N/A

時就大膽買進，並不考慮一時不佳的虧損，而著眼於公司長期投資的價值，等於信賴公司負責人的英明睿智、公司累積的商譽、以及確信當產業否極泰來時，這些公司會有絕佳的表現。

當你堅定看好一檔股票，長線看好，或明顯超跌到某一價位，就大膽買進，原則是：「只管量、不管價」

4 三角形投資法

蔡爸爸聽到第四台老師說，大盤後市可期，回檔就開始加碼，並以金字塔型佈局。蔡爸爸很好奇什麼是金字塔佈局法。

三角形投資法，又稱為金字塔型投資法。以買進為例，就是股價價格較高時，買進數量較小。股價價格低時，買進數量較多。

逢低攤平vs.逢高加碼

不過，三角形投資法有兩種方式：一種是越跌越買，逢低攤平（average down），把持股成本往下降，這是比較常見的方式；另外一種是越漲越買，只是單位數逐漸降低，稱為逢高加碼（average up），儘管把持股成本往上推升，但因為股價衝得更快，整體獲利也持續增加。

逢低攤平比較常見，這是一種防禦型的穩健作法：投資人計畫買進前，對於公司基本面、以及大盤走勢，具有堅強的信念。因此，先把資金分成幾份，模擬股價可能的下檔空間。當股價下跌時，越跌買越多，採取正三角形的佈局方式，很適合在大型權值股上操作。

倘使選擇的標的，是屬於產業循環股，也就是一年當中會有比較明顯的淡旺季區別（見下頁圖），也很適合三角形投資法。

趁著淡季，股價比較弱勢的時候，採取金字塔方式分批逢低承接，跌越多買越多。等到旺季來臨時，此時各種接單利多不斷，獲利也開始逐步成長，股價在業績支撐下上揚，這時再用倒金字塔型方式，順著股價漲勢逐步拋售持股。

舉例來說，紡織類股算是比較欠缺基本面的一群，但根據歷史經驗（除非是原物料飆漲的特殊年份），每年12月到隔年農曆年前後，多半會有一波漲勢，主要是反應冬季的產業旺季題材。如果投資人能在第三季採取金字塔方式佈局，然後農曆年前這一波開始獲利了結，也會有不錯的報酬。

此外，有些人會事前規劃大盤可能出現的波段走勢，然後訂定三角操作的模式，包括低檔幾成持股、漲到目標區域時則全部出清。

舉例來說，假設大盤原先一路從7400點漲到8400點，且多頭格局不變。此時策略分析人員規劃未來盤勢走勢，可能略微回檔到8000點之後，展開另一波700點行情，上看8700點。

於是券商策略分析師就以8000點為金字塔底部，8400點為金字塔頭部，訂定8300點持股3成、8200點持股5成、8100點持股7成、8000點持股9成的策略。

如果盤勢真如預期碰觸8000點後，開始展開新一波的攻勢。此時建

有 7 成的部位，於是策略分析師就會建議逢高開始逐步出脫。例如8400點開始減持 1 成、8500點減持 1 成、8600點減持 3 成、8700點將剩餘一成持股全數出脫。這也是一種金字塔型的操作方式。

○ 金字塔操作代表人物：傑西・李佛摩

至於逢高加碼的金字塔操作方式，以1900年代初期的投資大師傑西・李佛摩（Jesse Livermore）作為代表。

李佛摩平常並不會採用守株待兔的方式建立部位，而是不停的搜尋所有多頭氣勢已經成形的個股。經常追價買進一些價格屢創新高、突破技術線型壓力點、或穿過整數關卡的股票。

當他確信可以買進時，為了增加獲利機會，又不大幅提高風險，於是就會趁著股價趨勢往上的過程中，也增加投資部位，只不過加碼數量會隨著股價上揚而減少，這樣的作法雖然持股成本會往上提升，但是因為個股漲勢更快，李佛摩等於趕在多頭列車啟動時，迅速拉升部位。

李佛摩的金字塔型操作方式，與一般人覺得買得越低價越便宜越好的概念不同。但這種手法在法人圈裡使用也相當普及，特別是一些外資機構。

一些外資法人，會在某些個股低檔時刻，花上很長的時間，小筆小筆的建立基本持股部位。當達到一定水準時，類似金字塔的底部完成時，就開始大買，甚至要擠進當日前十大買超，買給所有想跟單的人看，買得越囂張、越醒目越好，希望誘使所有投資人追進。

◎ 產業循環股的年度旺季

	1月	2月	3月	4月	5月
NB＆PC電腦系統廠			次要	次要	
MB主機板			次要	次要	
被動元件				次要	
PCB				次要	
機構件、外觀件					次要
消費性IC設計				次要	
PC相關IC設計					
半導體製造					次要
手機					
區域網路	次要				
寬頻	次要				
半導體	次要	次要			
數位相機					次要
CD-R					次要
光碟機					
資訊通路	主要	主要	主要		
汽車	主要				
汽車零組件			主要	主要	主要
塑化：PE	次要	次要			
塑化：PVC	次要	次要	次要		
運輸：遠洋	次要	次要			主要
運輸：散裝	主要	主要	主要		
運輸：空運			次要	次要	
造紙			主要	主要	
建築業			主要	主要	主要
房仲業					
水泥與建材	主要	主要			
鋼鐵			次要	次要	

■ 主要旺季　　■ 次要旺季

6月	7月	8月	9月	10月	11月	12月

什麼是三角形投資法

　　當股價多頭氣勢成形後，外資買盤雖然逐步縮小，但此時買單是採取不計價的拉抬方式，目的是把股價拉離成本區，而且拉得越遠越好。必要時，再發幾篇研究報告，大力讚揚這些個股後市看好，反正一切努力就是維持多頭氣勢。當股價到達高高在上的安全區後，外資再開始反手調節，順利獲利了結。

　　金字塔型佈局方式，是一個非常有趣的概念。不論是一般投資人可採取的向下攤平模式，或者是大型法人機構採用的向上攤平模式，都是值得參考學習的。

5 賺多少錢賣出才合理？

股票投資人形形色色。有些人是不會買股票，但也不會亂買。有些人是不會賣股票；有些人是短腿，賺一點就跑；也有人是跟股票談戀愛，抱上抱下抱到人去樓空。

　　以下是某家大型投資機構的長期投資部位管理規則。他們每年會精選幾檔股票，每檔重壓上億元。由於個股金額較大，漲跌都會大幅影響公司整體獲利及風險承擔能力。所以規範雖少，但字字珠璣，每個規則都蘊含了極高的智慧水準。其中，第四點就是停利機制。由此顯現停利的重要性。

停利機制防止人性貪與恐的弱點

　　法人會訂定這樣的內部規範，就是希望藉由制度的規範，防止人性上貪婪與恐懼的弱點。選股不貪多，好好照顧就好。產業不要過度集中，以防止風險過高。然後虧損時要停損，獲利時也要迅速保留戰果，避免一味看多，最後從大賺變成大賠。

◎ 部位交易管理細則
（1）持股檔數限制：為免投資組合無法聚焦，核心持股共 5 檔，總持股上限10檔，如要新增則由舊有部位取代之。
（2）單一持股及單一產業金額上限：皆不超過部位總成本1/10。但經決策小組核可者，不在此限。
（3）虧損警示：當個股跌價達15%，則召開投資策略會議；每往下跌5%，再召開一次投資策略會議，決定停損、加碼或繼續持有。
（4）確保獲利：當個股超越獲利目標價後，自股價高點回檔15%時，強制停利。

為什麼要設停利點呢？股市有個很有趣的現象，股價要跌 5 成很容易，但要漲一倍很難。舉例來說：一檔股票要從100元跌到50元，等於跌了 5 成。但是如果從50元要漲 5 成，只不過來到75元，要漲到一倍，才會到100元。因此，如果該停利的時候不停利，想要漲回到原來的獲利水準，就會加倍艱難。

因此，法人設定高點回檔15％就停損，是因為股價高檔回跌到這個幅度，等於是兩根跌停板，此時，多頭的氣勢已經被破壞，就可以先出場，確保獲利。一般投資人的停利，或許可以參考法人的標準。當然也可以採用技術指標作為參考依據。

以頭肩頂的型態為例。投資人有幾個地方，可以選擇停利出場：

①高檔出現量價背離

股價到了C點，但成交量能卻出現萎縮，顯示量價背離，可以賣出。

②股價跌破上升趨勢線

股價跌破上升趨勢線，表示多頭氣勢已弱，此時可以停利出場。

③股價無力突破上升趨勢線

量能進一步萎縮，顯示應該是頭肩頂型態的右肩成型，此時可以停利出場。

④股價跌破頸線

股價跌破頭肩頂型態當中的頸線位置，此時可以停利出場。

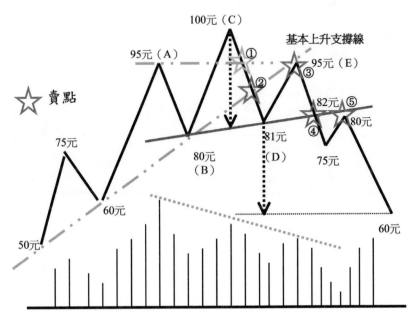

◎ 頭肩頂型態的停利時機

⑤股價反彈無力超越頸線

　　這是最後出場機會，當股價反彈又無力突破頸線位置。如果此時再不出場，理論上股價將會大幅修正。

 設立停利點

6 賠錢了也要賣嗎？

認錯，是一件很困難的事。但在股票市場裡堅持不認錯，很可能就會一路錯下去。在形勢比人強的情況下，眼前是小賠，接下來是越套越深，最後就是無窮無盡的等待。不但賠掉了利息、更賠掉了其他賺錢的機會。

很多人或許會覺得，賠錢，是因為運氣不好。剛開始，這麼想也無可厚非。但如果越賠越多，這就不是運氣問題，而是應該回頭思考一下，最初買股時思考的假設與推估，是不是已經出現重大差異。如果狀況已經改變，卻還不處理，那問題不在股票，而是人。

為什麼要停損？

其實，停損不一定是就此認賠，而是先保住老本。儘管沒有人「甲意輸的感覺」，停損的感覺一定不痛快，但您可以思考一下為什麼要設立停損點？理由大致有下列三點：

⊃ 先收回本錢，等待時機

中國有句古話：「只要青山在，不怕沒柴燒」。本錢先收回來，然後等待對的時機，再把賠掉的錢賺回來。但如果一直不停損，當賠得精光，那以後想要東山再起的機會都沒了。

⊃ 躲避風險

如果趨勢是走大空頭，沒有任何股票會比現金更抗跌，股票只是跌多跌少的問題。如果一直看好某檔股票，暫時賣出，可以規避短期下跌的風險，等到風險解除再接回來。

⊃ 放空自己，重理思緒

人性很有趣，手上有股票，心態就容易偏多。儘管趨勢已經不利，卻還是容易眼巴巴的等待股價「回心轉意」。停損的動作，等於放空自己，讓自己重新思考自己錯在哪裡？是進場時機？還是選錯股？現在再有一次機會了，你會不會做出不同的投資佈局？

什麼時候該設停損點？

停損點要怎麼設置？法人多半是當持股已達一定損失程度，就要執行停損，那是一種紀律規範，後面會仔細描述。個人的操作，金額較小，操作上也比較彈性靈活，可依以下幾個方法進行：

⊃ 跌破前波低點

　　以2007年的聯發科為例，它從11月1日**法說會**結束的 637元開始，一連幾根跌停，摜破三個前波低點，之後略在 500元附近整理。但決定是否停損的關鍵，在於它整理10天 結束，11月21日卻再次摜破8月16日的475元前波低點，等 於確認空頭行情正式展開。果然之後一路跌到隔年2月12日 的275元。

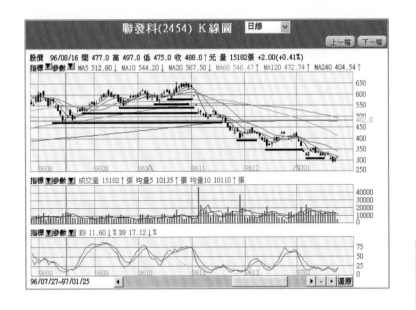

⊃ 跌破技術線型各種支撐

　　投資人買進股票，應該先評估下檔哪些地方會具有支 撐。這些支撐可能是年線、季線、月線等均線支撐，也可

名詞解釋

法說會
法人說明會的簡稱，上市公司會定期或不定期，對法人舉辦業績公布與未來展望的說明。

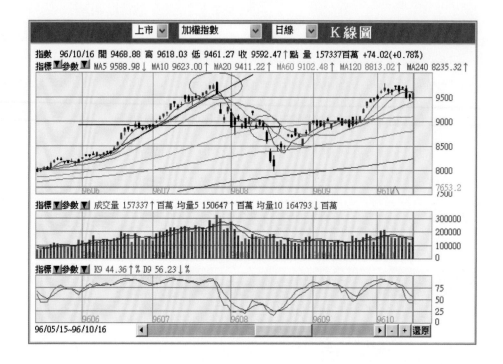

能是前波高低點。如果這些支撐迅速攢破，而沒有立刻賣出，也要尋找
反彈時刻趁機出場。

例如跌破上升支撐線，或者跌破前一次的平台整理區，這些時候都
可能開啟一波跌勢，投資人都應該先行撤退。

⊃ 技術型態失敗或挑戰壓力失敗

原本轉向多頭的型態，卻因為後續力道不足，導致型態無法完成，
或者是挑戰一個上檔壓力區無法突破，此時通常會很快的回頭修正，尋
找新的支撐點，然後重新再來。

　　例如2003年SARS期間，市場原本預期W底成型，股票在挑戰W底的頸線位置時，卻因為量能不足，3天之內無法有效突破（稱為3日有效原則），連站穩在頸線上的能力都沒有。此時，盤勢就會急速回頭，跌得更深，然後重新尋找再次攻擊的機會。

　　投資人看到型態失敗，原本寄望的反彈暫時落空，此時應該先行退場，等待下一次底部訊號出現，再來逢低進場。

◎ 失敗的W底

⊃ 重大利空爆發

當市場出現重大利空，不管是美國或台灣景氣基本面疑慮、檢調大規模調查上市公司內線交易案、乃至金主或重量級公司爆發鉅額違約或跳票時，這時候最好先行退場。

因為市場資金是有連鎖效應的，很多敏感的人會先把資金抽離，這樣的效應擴大之後，自然會對股市形成重大壓力。跑得越慢的人，往往傷得越重，所以是先賣先贏。等到盤勢止穩後，再接回來也沒關係，至少先躲掉了系統性風險。

設立停損點

● 認錯，不是一件容易的事……

才買了5天就跌破支撐，賠了18％，還是先賣了吧。

天啊！
你怎麼捨得賣掉？

該停損的時候就要停損，錢再賺就有，沒有危機處理能力，那才是危機。

189

7 融資融券開戶與操作技巧

融資融券大幅增加股票操作的靈活度，但因為是舉債投資，等於使用較高的財務槓桿，賺錢或賠錢的幅度都會擴大。因此，新手最好不要玩融資融券。

新手最好不要使用融資融券

融資融券就是所謂的信用交易，提供投資人借錢玩股票的合法管道。融資是指投資人認為個股股價會上漲，就向證券公司借錢買股票，證券公司依買入價格按規定成數借給投資人款項，投資人則必須配合於交割時繳交自備款。股票則寄存在證券公司當擔保品，等到股票上漲後委託證券公司賣出，然後將借貸的錢與利息還給證券公司，賺取其中差額，稱為融資交易。

融券則是指投資人看壞某支股票的股價將會下跌，想要趁高檔時逢高賣出，但是手中沒有持股，因此透過證券公司借股票，證券公司就會將該支股票代投資人交付證券交易所交割，投資人則必須按成交價格繳

交一定成數的保證金給證券公司。等到股價下跌後,再逢低買回股票,還給證券公司。融券則是以賣出所得價款,經扣除證券交易稅、融券手續費及證券商手續費後的餘款作為擔保品。

融資融券大幅增加股票操作的靈活度,但因為是舉債投資,等於使用較高的財務槓桿,賺錢或賠錢的幅度都會擴大。因此,新手最好不要玩融資融券。

信用交易帳戶開戶資格

想使用融資融券,就必須開立信用交易帳戶。但必須是年滿20歲的中華民國國民,或是依照我國法律登記的法人。

此外,必須提出過去一般帳戶的交易紀錄,普通戶開戶要滿三個月,且最近一年有成交十筆的紀錄,累積成交金額需要達到申請額度的 5 成。由於信用交易額度是有等級區分,申請額度在50萬元以上,就要提出財力證明。當然,50萬元以下就不用了。

財產證明以本人或配偶、父母、及成年子女的下列單據為限:

① 不動產所有權狀影本或繳稅稅單。

一定要知道的觀念

零股、鉅額交易不能申請融資融券交易。投資人使用融資融券交易,若交易額超過向證券商申請的額度時,應以現款現券交割的方式進行。

◎ 信用戶資券額度

級數	整戶		個股融資上限		個股融券上限	
	融資額度	融券額度	上市	上櫃	上市	上櫃
第B級	50萬	50萬	50萬	50萬	50萬	50萬
第A級	100萬	100萬	100萬	100萬	100萬	100萬
第一級	250萬	250萬	250萬	250萬	250萬	250萬
第二級	500萬	500萬	500萬	500萬	500萬	500萬
第三級	1000萬	1000萬	1000萬	1000萬	1000萬	750萬
第四級	1500萬	1500萬	1500萬	1000萬	1000萬	750萬
第五級	2000萬	2000萬	1500萬	1000萬	1000萬	750萬
第六級	2500萬	2000萬	1500萬	1000萬	1000萬	750萬
第七級	3000萬	2000萬	1500萬	1000萬	1000萬	750萬
第N級	6000萬	4000萬	1500萬	1000萬	1000萬	750萬

資料來源：台灣工銀證券

名詞解釋

期滿清償

任何的貸款信用交易，都會有合約期限。提供融資或融券的證券金融公司或證券商，在信用交易合約期滿的時候，都具有同意是否續約的權利。如果不同意續約，投資人就必須結算清償。

② 最近一個月的金融機構存款證明（如：存款餘額證明書、存摺影本、定存單影本等）。

③ 持有有價證券的證明。

要特別注意的是：汽車、金條、骨董字畫等這些動產，不可作為財力證明。財力證明需要達到申請額度的30％。

為防止信用過度擴張，法規規定委託人申請開立信用帳戶達到五戶以上時，交易記錄及財產證明的核算基準，應該要加上先前已經開立信用帳戶所核定的總額來一併計算。此外，財產證明如果是金融機構存款證明時，為擔心委託人故意把一筆存款在不同帳戶間挪來挪去，因此規定此時要以最近一個月的平均餘額作為計算基準。

由於信用帳戶是 3 年為期，屆滿再續約。下列五種狀況，證券商會終止投資人使用信用交易：

① 投資人開戶之後，3 年沒有交易

② 沒有按期繳付自備款與保證金

③ **融資維持率**低於120%之後，沒有補足差額

④ 沒有**期滿清償**（主契約 3 年，3 年到期可以再續約。單一個股的融資期限為 6 個月，可延期一次到 1 年）

⑤ 沒有依照法規完成**強制回補**（股東大會召開前、除權除息、現金增資、公司合併或消滅）

信用帳戶的融資額度和融券額度會分開計算，若你申請的額度為第七級：融資額度3000萬，融券額度2000萬，意思是全買融資時，券商能借給你的錢，最多是3000萬，

名詞解釋

融資維持率

融資交易如果是自備款4成，等於向券商借6成。則一開始的融資信用維持率是1除以0.6，等於166%。依照規定，如果股價下跌，融資維持率低於120%，投資人就得要補提擔保品，不然就會被要求強制賣出（又稱融資斷頭）。

融券全放空的話，可借你2000萬。

融資金額怎麼算？

融資的意思就是借錢買股票，如果一檔股票它的融資成數為6成，投資人只要自己準備4成的錢，就可以購買這檔股票。目前融資比率，上市為60％、上櫃為50％；融券保證金成數，上市上櫃都是9成。這部分主管機關可以公告調整。

融資金額該怎麼算呢？假設AA公司股價100元，等於一張10萬元。可以融資6成，那只要自備4萬元，就可以買到這張股票。

名詞解釋

強制回補

融券攸關股票所有權的問題。於是，當股東會召開、發放股息股利等情況，需要確認股東名單的時刻，投資人就必須在規定期間之前，停止融券行為，買股票還給券商，稱為強制回補。

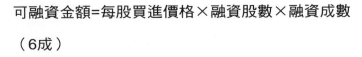

可融資金額=每股買進價格×融資股數×融資成數（6成）

　　=100元X1000X60%

　　=60,000元

自備資金=每股買進價格X融資股數X40%

　　=100元X1000X40%

　　=40,000元

如果AA股價漲到120元，等於一張變成12萬元。投資

信用交易帳戶開戶資格

小姐，我也要用融資買股票，請問要怎麼辦理？

1. 要提出過去一般帳戶的交易紀錄，普通戶開戶要滿三個月。
2. 最近一年有成交十筆的紀錄，成交金額需要達到申請額度的五成。

啊！我只成交過2次，還差8次呢。

人用 4 萬元賺了 2 萬元股票利得，報酬率高達50％。但是如果AA股價跌到60元，每張股票只剩下 6 萬元，由於當初跟證券商借了 6 萬元，此時，投資人已經血本無歸，原本自有的 4 萬元賠光了，拿不回一毛錢。

因此，信用交易使用者，必須明白融資融券雖然可以大幅增加操作彈性，譬如可以玩當沖交易（資買然後券賣），當天賺價差。但在報酬率方面，卻是兩面刀，可以讓你加倍賺錢，但也可以讓你加速賠錢。所以，玩融資融券的人，沒有充足把握，更不該輕易出手。

一定要知道的觀念

所謂融資，就是自備部分資金，然後向證券公司借一定額度的資金先買進股票，等到賣出股票後，再將賣出所得的錢加上利息本金後還給證券公司。融券就是借股票的意思，投資人向證券公司借股票，先在股市賣出，賣出的價款當作擔保品，等到股價下跌才買回股票還給融資機構，以賺取價差。

融資融券整戶擔保維持率怎麼算？

使用信用交易的投資人，一定要注意融資融券擔保維持率。特別要注意的是，證券公司不是以單獨一筆融資或融券交易來計算擔保維持率，而是合併計算你的信用帳戶中各筆融資融券。當然，交易對帳單、券商的電子交易網站、甚至口頭詢問，都可以快速查到自己目前的擔保維持率。不過，我們還是提供公式，讓投資人可以簡單概算出來。

① 融資擔保證券市值＝目前股價×融資股數

② 原融券擔保價款＝每股賣出價格×融券股數

③ 融券保證金＝每股賣出價格×融券股數×融券保證金成數 (90%)

④ 原融資金額＝每股買進價格×融資股數×融資成數(60%)

⑤ 融券證券市值＝每股買進市價X融券股數X(1-0.08%券商融券費-0.1425%券商手續費-0.3%證券交易稅)

經由上述公式計算得到的擔保維持率，是以120％為最低標準。只要整戶擔保維持率達到120％以上，投資人是不會被追繳的。

不補足擔保品就會被斷頭

但是萬一投資人判斷多空方向錯誤，使整戶擔保維持率下降至120％以下時，券商將會選擇個別證券擔保維持率低於120％者，通知投資人以償還部分融資、補繳融券保證金或追加擔保品等等方式補足差額。

比如說趙小國融資買進一張每股100元的股票（等於10萬元），融資成數 6 成（等於 6 萬元），沒有使用融券，融資維持率就是：

融資擔保證券市值÷原融資金額×100％＝融資維持率

（100元X1000股）÷60000元×100％＝167％

也就是說，你剛用融資買進一檔股票時，原始維持率是167％。如果很不幸，當天股價就跌了 5 元，融資維持率就瞬間降為158％。那什麼價格得要**斷頭**呢？

用個簡單數學程式倒推：假設融資利息為零，斷頭價

名詞解釋

斷頭

若融資融券投資人客戶不能在兩日內補繳，而維持率仍低於120％，證券商就會在次一營業日，處分投資人信用帳戶內的擔保品（俗稱斷頭）。不過若是要執行處分當日，投資人整戶維持率回升至120％以上，就不會執行。

格是X元。X÷60000=120%，X=72000，所以，當股價跌到72元時就要斷頭。或也可以用「買進價格＊0.6＊1.2」的方式快速算出斷頭價格。

什麼是當日沖銷？

信用交易可以做多做空，也可以當日沖銷。做多的時候，就是「融資買進」（簡稱資買），做空就是「融券賣出」（簡稱券賣）。當沖賺價差，也就是當天讓融資與融券互抵，簡稱資券互抵。

資買之後，想在當日沖銷，就做另一筆券賣，稱為做多當沖；如果持續看好後市當天不沖銷，隔日之後就做一筆「融資賣出」（簡稱資賣）即可。相對於做多當沖，就是做空當沖。如果認為當天會開高走低，則是先放空，也就是「融券賣出」，然後再「融資買進」。

做空時，券賣之後就做一筆資買，就可完成做空當沖；如果擺到隔日以後，就可用「融券買回」（簡稱券買）來回補。

有些人很聰明，研判某些股票會開低走高，並且由黑翻紅。他的作法就可能是先用現金買進，假設真的翻紅上漲，就會請券商幫忙更改交易類別，在收盤前將原本現股買進的交易，改為融資買進。然後再做一筆「融券賣出」，當天就漂亮的完成當沖，近似無本生意的賺到價差。

➲ 平盤以下融券不准當沖

在做當沖交易時，首先，必須特別注意的是：目前除了證交所公告

的一些大型股，在平盤以下可以放空，絕大多數的股票還是不能在平盤以下放空，也就是平盤以下不許融券賣出。

如果投資人看錯邊，原本以為股價會一路往上，想要先資買、後券賣，當沖賺個錢。卻沒想到股價在盤中就跌到平盤以下，基於平盤以下不得放空（券賣），這時就會面臨無法平倉的風險。此時當沖客多半會在股價靠近平盤時，立刻採取融券賣出、認賠平倉。否則就只能乖乖的在T+1日準備好融資的那筆錢用來交割。

另外，融券賣出的部分，券商會收萬分之八的借券費，當然，也有些當沖大戶，是可以爭取到這部分免費。

○ 不要為了做當沖而做當沖

另外第二個要特別注意的是：除非股價波動率夠大，不要為了做當沖而做當沖。如果波動率很小，其實是很難賺到價差，甚至扣掉手續費與借券費還會小賠。此外，資金實力要充裕，如果做空當軋不成，必須履行融資買進的那筆款項，卻沒錢，這樣就很危險！

○ 確認額度等細節

第三個要注意的是：使用融資融券前，最好先跟營業員確認一下券商當天是否還有額度、個股有沒有信用交易資格及配額，以及融資金成數是不是有改變。這些細節都要問清楚，因為主管機關以及證券商，都有限制或暫停信用交易的權利。

◎ 信用交易的幾種模式

	途徑	買進	賣出
當沖交易	交易市場	融資買進	融券賣出
	交易市場	融資買進	融資賣出
		融券買進	融券賣出
了結交易	非交易市場	融資買進	現金償還
		融券買進	現券償還
		融資買進	追繳
		融券買進	追繳

　　為什麼要先問清楚額度呢？因為拿不到額度，就不能當日沖銷，甚至連做多或放空都取得不到信用交易額度了！根據規定，具有信用交易資格的股票，融資餘額或融券餘額達到個股總股數的25％時，就會暫停融資買進或融券賣出。如果餘額達到20％，也就是融資使用率80％時，交易所會進行額度分配。必須等到餘額低於18％，也就是融資使用率降到72％以下，才會恢復融資融券交易。

　　雖然一般投資人不可能動用到一檔股票總股數多大比重的信用額度，基本上是遠低於1％以下。但這部分卻是市場主力在股海翻雲覆雨的重要工具，連帶會影響一般投資人使用額度的權利。主力財力雄厚，要炒作一檔股票時，往往會大量使用融資，把籌碼先吸納進來，然後拉抬股價，再把融資持股緩慢的賣出去，藉此大賺一票。

一般投資人唯一要注意的是：當融資使用率較高，而股價又不斷飆升時，你可能拿不到信用額度，尤其是與中小型券商往來時，他們自辦信用交易能力薄弱，分配總額度更少，客戶感受會更加深刻。因此，有些人會先以現股買進，當收盤前看到股價上漲，想改為融資持有，此時卻發現沒有額度。這都是投資人必須注意的地方。

對付融資追繳六法

融資使用的風險，最怕的就是斷頭，也就是整戶維持率未達120％，一旦通知補繳卻無力拿出時，證券商就會逕行處分你的股票。一般說來，對付融資追繳有下列六種作法，可以參考：

⊃ 1. 繼續融資買進，拉高整戶維持率

這是最常見的作法，但不見得是最好的作法，使用前務必三思，或者謹慎攤平。如果要做，最好秉持三原則：買產業龍頭績優股（比較抗跌）、股價已經來到超低本益比（例如六到八倍）、股價來到長期大底的低檔位置。

很多投資人碰到下跌，就會急躁的想要逢低攤平，繼續加碼融資買進，藉以提高整戶維持率。但是這種作法碰到大空頭時候，往往會越攤越平，部位越押越多，整戶維持率越降越低，最終還是難逃融資斷頭的命運，造成無法彌補的重大損失。攤平，最好是等築底訊號出現再做，不可貿然衝動。

⊃ 2. 低融資維持率個股逕行賣出

為了確保整戶維持率不要往120％靠近，如果投資組合中有幾檔融資股票，選擇融資維持率最低的先砍出，可以讓平均值上升。一方面也符合汰弱留強的原則。

⊃ 3. 先償還部分現金

投資人可以先償還一部分的融資餘額，讓個股乃至於整戶維持率先提升上來，讓維持率至120％以上。也可以全部清償，讓維持率一次重回166％。

名詞解釋

代墊款交割

不論是買股、買屋、工程押標金等，經常都可以看到代墊款的字眼，這是一種救急的貸款。一些違約交割無力付款、或融資斷頭還有差額要償還的投資人，會尋求資金代墊。不過，我們經常看到一些民間「代墊款交割」的小廣告或網路廣告，必須特別提醒，詐騙陷阱很多，必須格外小心。

⊃ 4. 反手融券放空提高整戶維持率

整戶維持率快速降低的時候，通常也是大盤面臨系統性風險的時刻。反手使用融券放空，加上原先的融資部位，等於形成一個避險組合，把虧損跟風險鎖住。此外，根據整戶維持率的公式，增加融券部位，就可以提高整戶維持率。

⊃ 5. 有價證券抵繳

投資人可以拿無記名政府債券，或是具有符合條件的上市上櫃股票進行抵繳，充當擔保品以提高整戶維持率，不過，一般會按照市價打個折扣。如果不是本人的股票，則需要出具所有權人的同意書與來源證明。

➲ 6. 直接斷頭

這是最不好的結果，但也必須接受。萬一在斷頭之後，還不足以償付積欠證券商的融資債務，必要時可以請證券商申請**代墊款交割**，但融資利息繼續計算，直到債務清償完畢。

在融券使用上，每年第一季底、第二季初，最好少用融券，因為 6 月開始就是股東會的旺季。依照規定，股東常會開會前60日以及股東臨時會前30日，必須停止過戶，再往前算 6 個交易日則是融券回補日。

以2008年為例，300家上市公司選在 6 月13日召開股東會，4 月 7 日就是最後融券回補日。由於公司派掌握股東會召開日期的權利，因此，對於市場放空者來說，等於處在一個不利的位置。此時最容易上演軋空行情，必須特別留意。

融資餘額是判斷盤勢多空的好指標

大盤的融資餘額，也是觀察盤勢的一個很好指標，特別是在研判股市是否會大幅回檔時，最為有效。

從下頁這張西元2000年以來的圖表上，我們可以清楚的看出，當台股加權指數高檔開始回檔的 6 個交易日內，

名詞解釋

融券回補日

公司在股東常會與除權日前，會確定具有參與資格的股東名單，因此會在這個基準日之前規定一個融券回補日，讓融券必須強迫回補。

◎ 大盤走勢與融資餘額

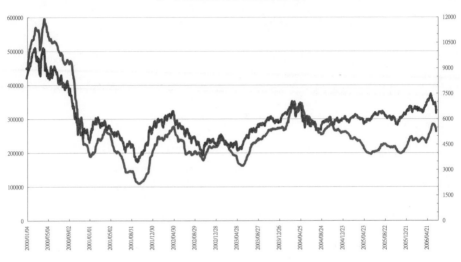

融資餘額往往還一頭熱往上衝。直到當大盤確定翻空，融資才開始經歷一波恐慌性的殺盤。簡單的說：如果大盤高點出現，融資高點隨後才出現，就意味著未來即將展開一波快速而激烈的修正。

或許把散戶當成落後指標是有點殘忍，但歷史就是這樣一再重演。因此，信用交易使用者，務必要注意這個現象。否則2000年4月12日，融資餘額從5956億元的歷史新高，一年半後跌到1100億元的慘劇，號稱台灣中產階級大破產的故事，歷史會不斷重演，有朝一日，應該還有機會再見。

一定要知道的觀念

融資是借錢買股票，還得支付利息。所以動用融資必須眼明手快，必須更懂得停損與攤平等技巧。否則一旦套牢或逼近斷頭，本金損失加上不斷累積的利息，這是很難熬的。

融資融券操作技巧

205

8 做好資產配置，不要盲目使用融資融券

「你後來融資斷頭危機過了嗎？」「沒有，就差一天，大盤就反彈上來了，可是我已經沒有錢再買，股票都被斷頭，賠了一百七十多萬元。」

這是我一個好友在2008年1月發生的真實案例。2007年底，他原以為聯發科與勝華已經跌得夠深，便投入所有資金並以融資買進，想搶反彈。沒想到股票再次破底急殺，整戶融資維持率降到120％以下，沒錢追繳保證金，被迫全數斷頭。斷頭之後股價開始反彈。2月初的農曆年節假期，他躲在家裡痛哭。

股票市場不但變化莫測，翻起臉來更是無情。為了保護自己，每一個人都需預先留點後路。尤其是新手，重視風險的程度，不能比追求報酬來得輕。

融資金額使用規劃

　　很多人喜歡把融資額度用到滿，例如你的信用帳戶額度為100萬元，你所有的存款為現金100萬元，如果股票可以融資 5 成，藉由融資方式，就可去買200萬元的股票。等於只有 1 塊錢，卻做 2 塊錢的生意，雖然可以追求較高的報酬，但也承受更大的風險。

　　譬如股價上漲 2 成，持股總值達到240萬元（200萬*120%），此時自有資金100萬元，賺了40萬元（240萬元-200萬元），報酬率高達40％。如果不用融資，報酬率就是20％。透過融資會讓報酬率加大，但是相對的，如果股價跌了 2 成，持股總值變成160萬元（200萬*80%），其中100萬元是融資借來的，自己只能拿回60萬元，等於瞬間賠了 4 成。使用融資是讓信用擴張、財務槓桿加大，投資盈虧的幅度也變大。

● 不要把融資額度用到滿

　　為什麼不鼓勵投資人把自有資金全部押上，拿 1 塊錢做 2 塊錢的生意？因為除非你極度看好後市，可以加速賺錢，否則只要股價一跌，就會讓自己開始蒙受心理壓力，而且此時只能有兩種選擇：忍痛賠售股票，或者繼續補繳保證金撐下去祈求股價回升，根本沒有逢低加碼、攤平等任何其他迴轉空間，會讓你的操作變得呆滯。

　　事實上，動用融資時，最好還是以自有現金的金額，來作為整個部位的規劃。雖然100萬的自有資金，透過融資，可以買到200萬元的股票，但我的建議是，即使用融資買股票，最好還是只買總值約100萬元就

好，也就是說即使信用帳戶額度為100萬元，只要動用50萬元就好。平常一定要回到100萬元的水位，不要讓信用擴張成為常態，特別是永遠都持有200萬元的融資股票，那是很危險的。

⊃ 保留現金降低風險

這樣的好處是：當股價突然重挫，你原本刻意控制在100萬元水位，以融資買進的股票，此時就可以用自有現金去清償，輕鬆的改換成現股持有。不但少去套牢期間的風險和融資利息，當股價跌到融資追繳時，你也有足夠的現金可以清償，不必走上融資斷頭的命運。不要輕易擴張信用，是你在使用融資時必須謹記在心的。

如果已經持有20萬元現股部位，那平常的融資使用額度最多80萬元就好。如果已經持有40萬元的現股，那平常動用融資水平設定60萬元就好。如果全部都用融資去買，那就不要超過100萬元。融資這項工具，可以方便你當沖、可以方便你讓多一點現金留在身上、可以讓你偶而擴充一下信用，多掙一點錢。但信用擴張絕對不能成為常態。

總之，讓現股部位加上融資部位，常態水準不要超過100萬元的自有現金。畢竟，一旦動用融資，就要從「曝險部位」的角度來看，而不是從可以使用200萬元的「資金調配能力」來看。這也是為什麼很多市場老手，都會勸新進市場者「少用融資」的道理。因為自我約束能力不夠，任意擴張信用，稍有不慎，很容易就會傾家蕩產。

　　畢竟，信用交易只是一種金融槓桿操作的工具，可以增加操作的靈活性，以及擴張獲利的機會。但對自身來講，回到根本承擔風險的能力，就還是你原先的現金部位，也就是100萬元。賺錢的時候可能忘了風險，但賠錢的時候，過度擴張的曝險部位，一樣會吃光你所有的老本。

　　此外，信用交易使用者，必須更為果決的執行停損的指令。因為透過財務槓桿，賠錢的速度也會很驚人。必要時，可以轉換成現股。當然，這又回到前面所講曝險部位的概念。

融資配置

股票市場不但變化莫測，翻起臉來更是無情。為了保護自己，現股部位+融資部位，最好不要超過自有現金。

9 嚴格執行停利停損，用法人的心態買賣股票

「Alice，有些個股昨天虧損達到二成，今天就停損完畢！」「是的，老闆！」

法人的個股停損規範，一般從7％、10％、15％、20％、25％、最低為30％，各家不一。著重短線操作者，10％至20％是比較常見的規範。著重長線操作者，可以容忍較大的震盪範圍，停損多在25％到30％。

執行停損是一種紀律

有些操作單位還會加上整體部位虧損超過5％或10％，操盤人就立刻停權半年，直到部位整體淨值回升到標準之內。停損制度的目的，是希望建立一個斷尾求生的功能，避免虧損無限制擴大。

因此，停損點碰觸到了，通常就是不計價的砍出，出清是唯一目標，儘可能在幾天之內處分完畢。對法人來說，停損規範是一種紀律，一旦決定，就必須執行。就像軍令一樣，不能懷疑，不帶感情，含淚也

得執行，這是沒有討論空間的。

● 避免風險無限上升

1995年 2 月的英國霸菱銀行事件，乃至2008年 1 月的法國興業銀行事件，都是因為內部控管疏失，讓交易員在面對期貨交易虧損時，不但不停損，還可以無限制挪用公司資金，繼續押注，最終產生鉅額虧損。與其說是個人的瘋狂，不如說是整個體系的墮落。停損機制，就是避免風險無限上升的重要防線。

萬一停損完畢，股價隨即反彈，果然賣在最低點，這該怎麼辦？答案是：摸摸鼻子，就算了。但更常見到的狀況是：法人停損賣壓接連引爆，賣得越快真的是越好。

譬如說：A法人在10％附近停損，讓股價更形弱勢，連帶引起B、C、D法人賣出，股價來到下跌15％到20％後，迫使市場多數法人面臨停損壓力，於是賣壓如滾雪球般出現，最終很可能動輒見到30％到50％的腰斬局面。

● 見法人停損投資人宜跟進

也因此，法人停損賣壓過程中，一般投資人最好能夠效法並儘速處理。如果不甘心虧損，想要攤平，也切記不要躁進搶反彈，更不要自以為跌夠了、或是某個技術支撐來到，就以為底部到了，急著進去摸底，這樣的下場會很慘。

畢竟法人停損的賣壓是很恐怖的，就跟一群驚恐的大象亂竄一樣，這時候，千萬不要擋在他們的面前，除非他們已經跑到精疲力盡，所剩籌碼有限。當你發現法人巨大賣盤卻無法撼動股價下跌時，可能就是可以進場的時候。

10 養成定期檢視持股的習慣

偉哥兩年內從百萬元資金,躍升至千萬富翁。他的成功來自每天晚上勤做功課,隨時檢視手中持股。

定期檢視持股非常重要,就像種植盆栽,你關心的越多,花開得越好,長得越茂盛。可是當你一旦不理它、暫時疏忽它,忘了澆水、忘了注意病蟲害,往往一瞬間,盆栽可能迅速死亡,讓你想救都來不及。

收盤後要做的功課有哪些?

每天收盤後要做的功課有哪些?基本上,我認為要求太多項目,對忙碌的一般非股票投資專業人,有點不切實際。只要把必要事項,每天睡覺前稍加確認即可。我的建議列表如下:

◎ 收盤後檢查事項

一、當天大盤狀況

1. 今天漲什麼族群？什麼個股領頭強勢？

2. 整體融資融券變化與三大法人進出動向

3. 觀察大盤K線型態、技術指標，以及影響今日盤勢重要事項

4. 回顧亞股今日走勢，觀看一下美股開盤。

二、個股部分

5. 股價走勢及成交量能，日K線與周K線走勢及相關技術指標

6. 觀察當天個股的融資融券增減以及三大法人進出狀況

7. 用網路查詢一下個股相關新聞以及券商相關研究報告

三、思考與調整

8. 思考大環境有沒有重大變化，是否有必要調整部位？

9. 是否有必要調整持股？如需要，先確定明天計畫買進的股票與價位

　　廣泛的蒐集資訊，然後靜靜的獨立思考，是投資者必做的功課。檢視持股最大的目的，就是確認原先買進的理由，現在到底還存不存在？

　　如果當初買進的理由繼續存在，那就可以持有。如果赫然發現已經改變，除了下定決心賣出，也可以順便思考一下，當初假設的邏輯，是不是有思慮不周延的地方，還是因為一些後來難以預料的變數所改變。這些思考的過程，都是在檢視持股時，必須反覆質問自己的問題。

　　投資這一行，犯錯越少，就有助於提升勝率。定期檢視持股，就是一個省思的過程，應該要持之以恆的去做。

持股要定期檢視

11 買股票貴精不貴多

蔡媽媽手上一缸子股票，算算有幾十種，眼看除權旺季要到了，蔡媽媽都不想參加，可是實在搞得自己很混亂，大叫：到底是誰下周要除權啊？

孩子生多了，一定很難照顧好。就像一口氣生了十個孩子，不但情急時，連名字可能叫錯，說不定連處罰時都會抓錯人，更別說搞清楚每個小朋友最近狀況。

同樣的，股票種類太多，原本是想多增加一點獲利機會，希望像是打田鼠的遊戲，哪隻田鼠冒出來，就打哪一隻。事實上，貪多真的會嚼不爛，而且非常容易會因為注意力有限，過多的投資標的，變成更混亂的負擔，最後整體績效不增反減。

持股檔數3到5檔即可

有人會說，理財經典書都叫人「不要把雞蛋擺在同一個籃子」，才能降低風險，多買幾種是多分散風險。這句話本身沒錯，但沒有叫你把雞蛋擺在全家每個角落，搞得自己連雞蛋放到哪裡都不知道，最後放壞

發臭，才發現原來藏在那個角落裡。

　　所以，全球首富巴菲特就說：「把雞蛋放在同一個籃子裡，並且顧好你的籃子」。

　　一般來說，持股檔數不要太多，視自己的資金狀況，3到5檔即可，最多不要超過10檔。如果財富實力還在培養階段的人，更需要採取精兵主義，選擇最有把握的1、2檔股票操作即可，全心專注，才能增加財富累積速度。

　　為了避免越買越多種，自己最後越來越不懂，可以預先規範自己持股種類的上限。想要增加新的，就必須先剔除一檔舊的，藉此汰弱留強，也強迫自己思考每一檔股票的投資潛力。

Chapter 6

運用技術分析預測股價趨勢

1 K線圖與股價的關係

2 艾略特波浪理論輕鬆學

3 技術分析指標輕鬆學

4 移動平均線輕鬆學

1 K線圖與股價的關係

分析大盤時，可以先看月K線，了解大環境之後，再看周K線、日K線圖，由大到小，先有巨觀，再到微觀，掌握全局。

股票市場每天都是一場多空爭戰。看多的人想買股票，搶的人多，股價就往上推升。相對的，想賣股換現金的人較多，股價就持續下跌。想要了解一天之內的多空較勁結果，K線具有極為重要的參考價值。

K線的由來

K線的創始，來自1724年的日本稻米期貨市場，稱為陰陽線。一根K線，是由開盤價（O）、收盤價（C）、最高價（H）與最低價（L）等四個數值描繪出來。

由於這四種價格相對位置不同，劃出來的K線會由三個部分組成：上影線、實體（黑或空心）、以及下影線。假設開低走高收紅，實體稱為陽線；如果開高走低收黑，實體稱為陰線。K線的運用在日本與台灣非常盛行。

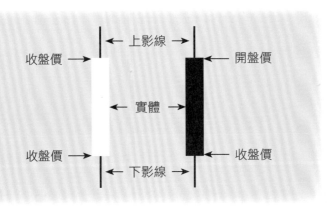

以下圖AAA公司股價走勢為例：

AAA公司一開盤就下跌 4 元，以96元開出，隨即上升拉至平盤100元，但因賣壓出籠，9 點半之後，就迅速拉回，最低價來到94元。10點半之後開始絕地反攻，一路超過平盤，下午 1 點時拉到漲停板，達到漲停價107元，但因鎖不住漲停，賣壓出籠拉回，終場以103元作收，今天AA公司上漲 3 元。

◎ AAA公司當日走勢

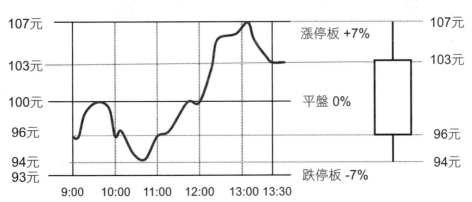

當日K線怎麼畫？

如何畫出AAA公司的當日K線呢？

第一步：先抓出開盤、收盤、最高、最低這四個價格，分別是96元、103元、107元與94元。

第二步：開盤價與收盤價之間畫出一個實體。由於收盤價高於開盤價，因此以空心表示，稱為紅K。如果相反，就把實體塗滿，稱為黑K。

第三步：畫出上下影線。當最高價高於開盤價或收盤價，就會產生一個上影線。同樣的，當最低價低於開盤價或收盤價，就會出現一個下影線。

◎ 十種K線型態

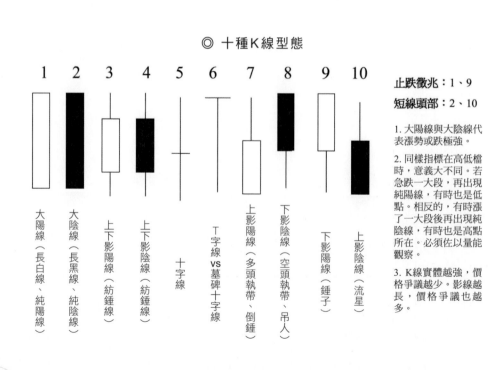

止跌徵兆：1、9
短線頭部：2、10

1. 大陽線與大陰線代表漲勢或跌極強。

2. 同樣指標在高低檔時，意義大不同。若急跌一大段，再出現純陽線，有時也是低點。相反的，有時漲了一大段後再出現純陰線，有時也是高點所在。必須在以量能觀察。

3. K線實體越強，價格爭議越少。影線越長，價格爭議也越多。

　　AAA公司的K線劃出來的模樣，是一個帶有上下影線的紅K線（或稱為陽線），也稱為上下影陽線，由於形狀像是紡錘，又稱為紡錘線（左圖第三）。一般來說，由於開盤、收盤、最高和最低這四個價格的相對位置不同，我們可以畫出下圖的十種K線。

　　以第六種T字線為例，當天的走勢應該是開盤之後急速下殺，最後尾盤拉上去，導致開盤價與收盤價相同，而且正是當天最高價。這種K線具有很長的下影線，表示多方在盤中展開絕地大反攻，空方等於吃了一次敗仗，後市對於多方有利。如果相反，倒過來變成「⊥」，看起來像個墓碑，多方未來恐怕不妙。

　　上（下）影線也具有相當參考價值，這部分是最高價（或最低價）與收盤價之間的差距，也顯露出多空力道的強弱。下影線越長，代表下檔支撐力道越強，多頭略勝一籌，如果是在跌了一大段之後，更顯示可

◎ 波段高點出現長上影線的T字線

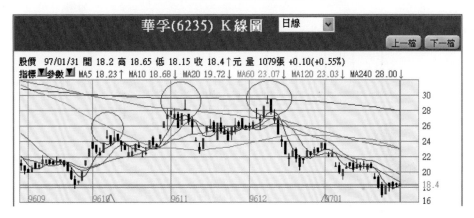

能是一種底部訊號，有機會反彈。如果是長上影線，那就表示多頭可能不妙了。如上頁圖的華孚走勢。

　　如果是收十字線，則表示多空力道平手，這時候通常得要特別留意，因為兩種情況可能發生：一種表示過去行進趨勢到此為止，未來可能出現反轉的走勢：另一種則表示是「中繼」，就是來到十字路口，股價走到這裡暫時歇腳一下，但過了十字路口，隔天又會繼續展開另外一波攻勢。

　　因此，通常K線出現十字線，投資人必須學會眼睛一亮，提高警覺，是中止還是中繼？要特別注意隔天的走勢，因為顯現一個新方向的開始，是反轉還是繼續，就看明天啦！

◎ 上下影線顯現多空強弱

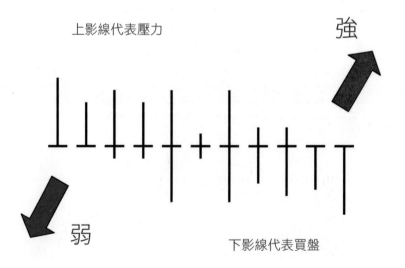

上影線代表壓力

強

弱

下影線代表買盤

K線圖可以採用各種時間單位，除了日K線外，也可以是周K線、月K線，甚至是1分鐘K線、5分鐘K線、30分鐘K線、60分鐘K線，可長可短，相當彈性。一般來說，在一張圖表上，周K線大約涵蓋5到8年的範圍，月K線大致涵蓋10到20年的資料，提供較為寬廣的視野。

特別是一根日K線代表了當天多空競賽的結果。但多空雙方都可能「偷吃步」，透過影響開盤、影響收盤、盤中偷拉或急速攡壓，改變K線的形狀。為了消除這種短暫波動的影響，如果把日K線搭配周K與月K線圖一併來看，可以產生遠近對照的效果。

有人在分析大盤時，會先看月K線，了解大環境之後，再看周K線，接著看日K線圖，由大到小，先有巨觀，再到微觀，掌握全局。比起只專注在日K線的分析上，來得更客觀與具備大方向感。

合併K線的使用

K線的運用，也可以二根、三根、乃至多根K線一起合併研判。合併K線的話法，等於是取頭一天的開盤價，以及期間的最高價與最低價，和最後一天的收盤價，畫出一個新的合併K線。

一定要知道
的觀念

通常K線出現十字線，投資人必須學會眼睛一亮，提高警覺，是中止還是中繼？要特別注意隔天的走勢，因為顯現一個新方向的開始，是反轉還是繼續，就看明天啦！

◎ 合併K線的畫法 ── 一陽吃多陰與一陰吃多陽

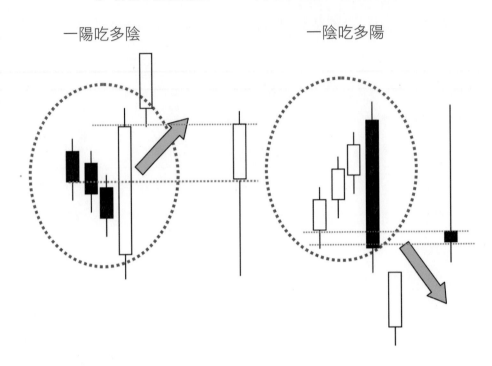

一陽吃多陰　　　　　　　　　　　一陰吃多陽

　　從這個新的合併K線，可以看出當一陽吃多陰，或一陰吃多陽時，新的合併K線等於留下長下影線與長上影線。如此我們就明白後面的走勢，前者應該往上走的機率大，後者則是往下走的機率大。

　　以下，我們再附上多根K線的各種排列組合，雖然它們各有不同的專用術語，但基本強弱勢的概念，都可以用合併K線的概念去思考，圖例中我們也簡單的描述，讀者可以慢慢去思考當中的意義。

◎ 多根陰陽線的合併應用

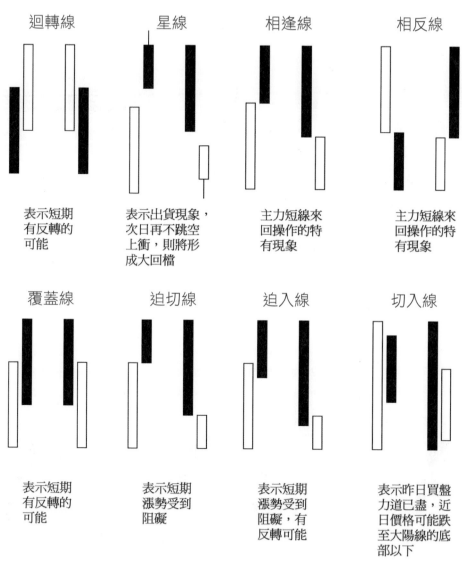

迴轉線

表示短期
有反轉的
可能

星線

表示出貨現象，
次日再不跳空
上衝，則將形
成大回檔

相逢線

主力短線來
回操作的特
有現象

相反線

主力短線來
回操作的特
有現象

覆蓋線

表示短期
有反轉的
可能

迫切線

表示短期
漲勢受到
阻礙

迫入線

表示短期
漲勢受到
阻礙，有
反轉可能

切入線

表示昨日買盤
力道已盡，近
日價格可能跌
至大陽線的底
部以下

227

◎ 陰陽線型態分析 — 吞噬型態

多頭吞噬　　空頭吞噬　　　　多頭母　　　空頭母　　　　母子十字
（陽包陰）　（陰包陽）　　　　子型態　　　子型態

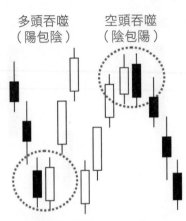
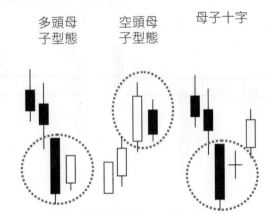

包入線構成三要件：

1. 處於已經歷明顯上升或下降趨勢
2. 第二根實體必須吞噬第一根實體
3. 第二根與第一根實體顏色相反

母子線（懷包線）構成三要件：

1. 處於已經歷明顯上升或下降趨勢
2. 第二根實體縮在第一根實體範圍中
3. 第二根與第一根實體顏色相反

◎ 星形反轉與十字星形反轉

晨星　　　　　夜星　　　　　　晨星十字　　　　　夜星十字

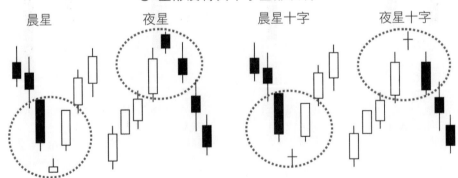

◎ 陰陽線型態分析 ─ 貫穿型態

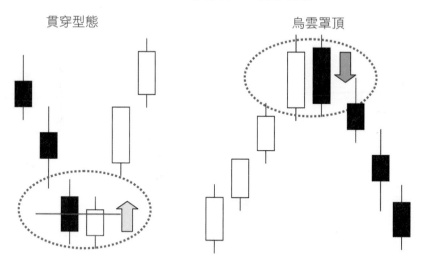

貫穿型態　　　　　　　　　　　　　烏雲罩頂

什麼是缺口？

　　最後，提到K線理論，一定要講到當中的缺口理論。我們經常會聽到人家說：「缺口回補了」。什麼是缺口呢？我們以多頭的缺口為例。

　　多頭的缺口就是隔天一開盤，股價直接跳上去後一路走高，當天最低價與前一天最高價當中，留下一個跳空缺口。這表示多頭氣勢非常的強。如果短期內很快的回補完畢，顯示空方迅速收復失土，稱為**普通缺口**，表示後市陷入盤整。但如果缺口不補，趨勢一路向上，意味著多頭走勢即將開始。

 名詞解釋

普通缺口
（common gap）
多半出現在整理型態中，但未導致股價脫離原整理型態而上升或下降，短期內股價仍是盤局，缺口也多在短期內被填補。

229

◎ 缺口理論

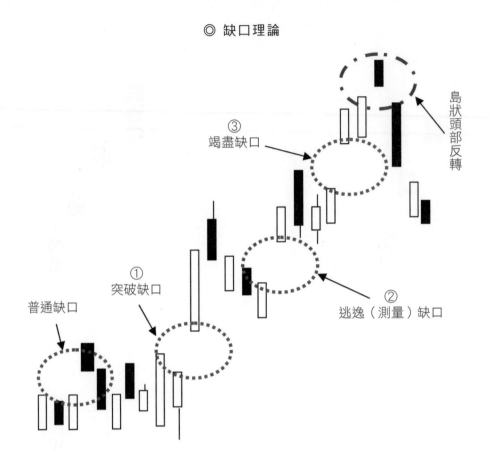

③ 竭盡缺口

島狀頭部反轉

① 突破缺口

② 逃逸（測量）缺口

普通缺口

多頭走勢中的三種缺口：

① 突破缺口（Breakaway gap）：通常發生在重要價格型態完
　成，且象徵市場重要趨勢的開始。象徵多方獲得重大進展，
　為一種強烈買進訊號。要點：量能放大、三天內不會回補、
　缺口越大漲升力道越強。

② 逃逸缺口（Runaway gap）：通常發生在股價上升到波段
中點，多半出現在直線陡峭漲勢的行進過程，投資人拚命追
價。但此時交易量如不見放大，投資人應有退場準備。

③ 竭盡缺口（Exhaustion gap）：股價迴光反照的訊號，代表
上漲行情即將結束，波段高點不遠矣。

但如果跳空缺口沒有回補，象徵多頭氣勢強勁，很可能就會展開一
波多頭攻勢。途中會出現第二個逃逸缺口，也稱為衡量缺口。意思是指
未來漲勢過程中，會出現第三個缺口，這個缺口的位置，應該與第二個
缺口的距離，會和第一缺口和第二個缺口間的距離相等，也因此第二個
逃逸缺口也被稱為測量缺口。

◎ 馬英九缺口

　　當然，第三個缺口出現時，投資人可能就要格外小心，表示行情可能即將結束，因此也稱為竭盡缺口。這種多頭走勢下的三個缺口現象，在台股大盤的案例中很多。2008年3月總統大選後一天慶祝行情的「馬英九缺口」，就有竭盡缺口的意味。

K線圖與股價

有人說，K線洩天機。真的嗎？

這是一本好書的書名，事實上，K線是技術分析的基礎，也是核心，所有投資人都應該好好學習！

2 艾略特波浪理論輕鬆學

這五個波段的行進過程，恰巧印證了華爾街的一句名言：「行情總在絕望中誕生，在半信半疑中成長，在憧憬中成熟，在希望中毀滅。」值得投資人玩味。

1938年，專業會計師與投資顧問的艾略特（Ralph Nelson Elliott），受到道氏理論的影響，進一步發表震撼世人的波浪理論（The Wave Principle）。波浪理論主張股價與商品價格的動向，會依照類似海浪般的型態向前推進。他試圖以波浪的形式，為千變萬化的市場，找出一個規律節奏的脈動。

艾略特認為，一個價格的完整波動，包含了上漲階段以及下跌階段。前者為驅動波（motive wave），後者為修正波（corrective wave）。股票會遵循五波上升及三波下降的基本節奏，形成一個包含八個波動的完整周期。

波浪理論的五升三降

驅動波是五波的結構，1、3、5波是實際推動走勢的波段，也稱為推動波，分別代表資金、景氣、與投機三種行情；並被2、4波這兩個逆方向、反趨勢的中斷波所隔開，也稱為調整波。數字1、2、3、4、5，就是我們常說的「五波」。修正波是由ABC三波所組成，A與C是推動波，B波是調整波。A、B、C三個階段，有時我們以「三波」來稱之。

艾略特認為，驅動波當中，2波是1波的拉回，但幅度不會超過1波；4波是3波的拉回，幅度也不會大於3波。而且，3波一定會超過1波的頂點，通常也是最長的一波，幅度只要大於1波或5波，就適用這套定律。

◎ 八個波動的完整周期

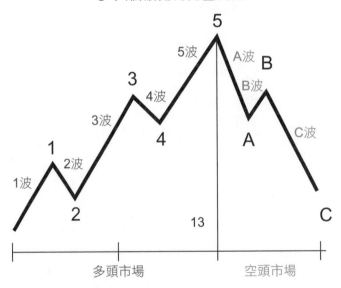

◎ 每一個推動波或調整波，都可以再細分八個小波

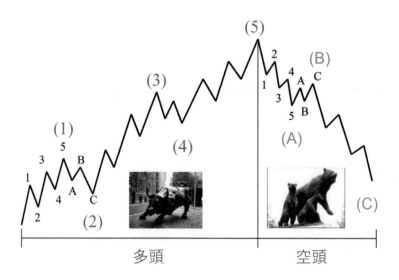

但是在每一個推動波與調整波當中，又可以分成一個小的循環，也一樣有這八個波。這八個小波當中的每一個推動波與調整波，又可以再往下變成更細的八個小波。

因此，兩個大波，可以細分成上升五波與下降三波的八個大波，並可以再細分為34個中波，以及再進一步細分為144個小波。

至於在修正波上，可以分成四種型態：包括曲折波、平坦波、三角形（上生、下降、等腰、及擴張等四種三角形）、和雙重三波（或三重三波）。

一定要知道的觀念

波浪理論的優點，在於它前瞻眺望的企圖心，意欲將長線走勢大膽的規劃出來，因此提前預告即將出現的頭部或底部，並解釋特定型態為什麼出現以及何時出現，也有助於幫助了解目前市場在大循環中所處的位置。

◎ 修正波的四種型態

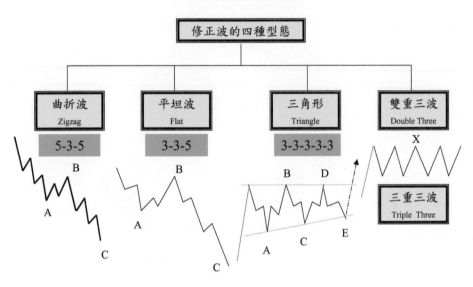

◎ 波浪理論的大、中、小波			
	多頭市場波浪數（驅動波）	空頭市場波浪數（修正波）	完整市場波浪數
循環波 （最大層級波段）	1	1	2
基本波 （次一層級波段）	5	3	8
中型波 （次二層級波段）	21	13	34
小型波 （次三層級波段）	89	55	144

量價特徵

下頁表以最大的八個波段中的多頭市場五波段為例，說明它們的量價特徵。

順帶一提，這五個波段的行進過程，恰巧印證了華爾街的一句名言：「行情總在絕望中誕生，在半信半疑中成長，在憧憬中成熟，在希望中毀滅。」值得投資人玩味。

台灣波浪理論大師，以林隆炫、杜金龍等資深前輩最為著名。杜金龍指出，波浪理論有三個重要層面，依順序分別是型態、比率、最後是時間。型態是指波浪的排列，這是波浪理論最重要的架構。比率是分析不同波浪之間的關係，嘗試判斷股價折返點和目標價位。最後才是時間關係，用來確認波浪理論的型態和比率。

從杜金龍的解說中，我們可以明白波浪理論是一個非常複雜的理論架構，近乎一個集大成的深奧理論。它在型態上，融合了道氏等諸多理論，在比率與時間概念上，也結合了**費伯納西係數**（Fibonacci）的百分率折返概念，例如0.618、0.50、0.382等，時間上則涵蓋13、21、34、55、89、144等轉折天數的概念。這部分非常的複雜，研判時也需要非常豐富的經驗，才能做出精確有效的判斷。

◎ 多頭市場的五波結構搭配景氣說明

	別稱	說明
第1波	初升段	行情在半信半疑中產生，由於剛從前一次大跌後甦醒，市場驚魂未定，股市裡常有震盪，上漲幅度不會太大。通常是市場寬鬆貨幣下的資金行情所推動，但市場投資人對於景氣復甦的前景，並不太有信心，稍有風吹草動就感到惶恐。大型權值股緩步墊高，不過一些低價轉機股開始急速上漲。
第2波		第2波是第1波上漲之後的修正，但市場不能確定先前第1波僅是跌深反彈，還是未來即將開啟另外一波回升漲勢。融券做空者不少，但會比第1波略少，整體成交量比第1波大幅減少，觀望氣氛仍濃。低價轉機股多半不會尖型反轉，而會維持高檔震盪。
第3波	主升段	稱為基本面行情。這段漲幅與時間通常最長，因為公司獲利傳出喜訊，景氣復甦訊號開始明確，為業績題材帶動的大行情，市場信心恢復，類股齊揚，成交量迅速放大，並常因為追價形成跳空缺口，一些壓力關卡輕鬆突破。個股股價多以最高點作收，融資開始增加，主力大舉進場，轉機股與中小型股活蹦亂跳。

	別稱	說明
第4波		人氣豐沛、資金充裕下的拉回，有時多頭氣勢太過強勁，股價僅以三角型態或楔型型態整理。但即使拉回，不應該跌破第 1 波的頂點，第 5 波才有繼續上攻的機會。此時，基本面欠佳的股票已經開始悄悄回檔，即使大盤上演第 5 波攻勢，這些爛股仍趁勢持續下跌。
第5波	末升段	稱為投機行情。人氣全面沸騰，但類股輪動速度加快，很容易形成短套，投資人感覺賺錢越來越困難，仍然樂此不疲，中小型股漲勢凌厲。這段漲勢通常會小於第 3 波，而且經常出現失敗的情況。由於好消息接連不斷，企業獲利持續攀升，市場樂觀之餘，股價開始反應明年全年獲利的題材。本益比持續拉高，如果僅以今年獲利推算，已經達到二十五到三十倍，甚至更高。

　　一般認為，波浪理論的優點，在於它前瞻眺望的企圖心，意欲將長線走勢大膽的規劃出來，因此提前預告即將出現的頭部或底部，並解釋特定型態為什麼出現以及何時出現，也有助於幫助了解目前市場在大循環中所處的位置。也就是說：波浪理論提供了一個大戰略的前瞻概念，這是一個非常大的貢獻。

**費伯納西係數
（Fibonacci）**

費伯納西是十三世紀
義大利著名數學家，
從兔子繁衍問題得到
這個無窮數列：1，
1，2，3，5，8，
13，21，34，55，
89， 144，
233……，也就是第
一個數字加上第二個
數字，得到第三個數
字；第二個數字加上
第三個數字，得到第
四個數字，以此類
推。這個發現，不只
無意間揭露了動植物
等自然界的規律，加
上可推導出來的黃金
分割比率（0.382、
0.5、0.618等），之
後更廣泛應用在數
學、物理、美學、建
築學，乃至於股票期
貨與外匯市場的技術
分析領域。

不可諱言，波浪理論是一種非常主觀的分析工具，常常有人質疑太過武斷、牽強，甚至譏笑為「十個分析師，有十一種數浪方法」或是「重大政經事件的突然發生，豈是波浪理論能先預見？」中國大陸甚至有人稱它為「精緻的偽科學」，當然，這也與波浪理論艱澀難學，多數人一知半解有關。

因為波浪理論數浪的方法牽涉到經驗判斷，到底這個波浪是否已經結束，這回檔算是這一波內的小浪，還是下一波的開啟，這是最難的挑戰。至於系統性風險突然發生，波浪計算上的適度修正是必要的，但不須因噎廢食。

更重要的是，70年來，幾位波浪理論大師的確成功預告過幾次大多頭與大空頭市場的來臨，這是不容抹滅的事實。波浪理論的確是有它值得學習參考的地方。

波浪理論

波浪理論是技術分析當中的頂級學問，可比少林易筋經、丐幫降龍十八掌。

你說得沒錯，但理論再優，也得經過苦練、經驗夠，才能把功夫發揮的純熟。

3 技術分析指標輕鬆學

Tony覺得直接學習波浪理論，就像哲學系大一新生的
人直接跳修哲研所的康德哲學課程，拼了半天還是摸
不著頭緒。
劉老師說，新手不妨先從技術指標學起，簡單易懂，
好學好用。有了基礎，再慢慢往高階走！

技術分析兩大主軸

技術分析有兩大主軸，一種稱為「圖表型態解析」，另一種叫做
「計量化技術指標」。圖表型態解析，包含了K線、趨勢線、價格型態、
以及波浪理論等，這些應用，需要比較多的個人經驗與主觀判斷，新手
比較難以純熟的運用。

相對的，計量化技術指標是根據每天量價關係的數據，經過公式統
計出來的結果。雖然看似簡單，甚至有些人覺得比較沒有學問，大家卻
不能否認，這些數據比較客觀易懂，新手一學就會。即使對老手，也有
很高的參考價值。

技術指標很多種，分成價、量、時間與**市場寬幅**等不同來源，一般

◎ 技術分析2大類

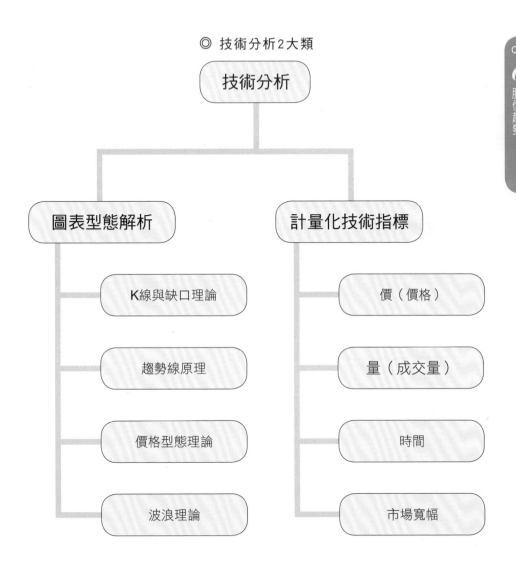

技術分析

圖表型態解析

K線與缺口理論

趨勢線原理

價格型態理論

波浪理論

計量化技術指標

價（價格）

量（成交量）

時間

市場寬幅

市場寬幅（Market Breadth）

以漲跌家數之間的關係，藉以衡量股市當中漲跌力道的強弱。這是運用採取物極必反的鐘擺理論概念，例如當股市所有股票都全面下跌到一個極致，意味著股市就可能反轉，所以稱為寬幅。當然，也可以用來清楚辨別一些特殊狀況，例如大多數股票下跌、大盤卻因為台積電等少數大型權值股逆勢拉抬，加權指數反而上漲，此時投資人可以因此警覺，並進一步研判到底是高檔即將回檔的虛晃一招，或只是一個逆勢撐盤，或者是股市底部的反彈開始。主要應用指標是騰落指標（ADL）、跌落指標（ADR）。

最常運用的是價的技術指標。我先強調的是：選擇幾種自己習慣使用的就好。只要長期使用下來，運用的純熟，對於提升投資勝率會有很大的幫助。

價的技術指標中，最常使用的就是KD（隨機指標）、MACD（聚散指標）、RSI（相對強弱指標）、MA（移動平均線）、乖離率（BIAS）等。移動平均線擺在下一節專門介紹。

量的技術指標，則包括：MQ（平均成交量）、OBV（量能潮）、VR（量強弱指標）、TAPI（加權股價指數指數點數成交值）、以及周轉率等。這部分使用者較少，但也具有參考價值。

時間技術指標則是探討股市周期循環，例如台股40多年的交易歷史中，顯示多頭循環大多持續89個月或104個月。不同於景氣對策訊號循環約56個月一周期，股市並領先景氣周期 2 到 5 個月。這部分提供我們一個歷史縱深，以及多頭是否已經到了尾聲，必須居高思危等感覺。

至於時間寬幅的技術指標則是：利用每天漲跌家數統計出來的ADL（騰落指標）以及漲跌比率（ADR）；一段時間收盤漲跌天數比率算出來的PSY（心理線）。

基本上，各類型的技術指標，仍在源源不絕的開發出

◎ 價的技術指標

價的技術指標	1 交叉點研判 股市買賣點	2 研判股市 超買或超賣	3 走勢圖研判 大盤走勢	4 趨勢線原理 研判走勢	適用 期間	各種技術指標的使用方法
MACD（指數平滑異同移動平均線）	*				長期	以DIF線與DEM交叉點研判買賣點
KD（隨機指標）	*			*	短期	以K線與D線交叉點研判買賣點
RSI（相對強弱指標）		*	*	*	中期	以24日RSI值研判，30以下為超賣，80以上為超買
MA（移動平均線）		*	*	*	長期	以MA轉折點與長短MA線交叉點研判買賣點
BIAS（乖離率）		*			長期	以72日MA的BIAS正負20%研判超賣超買現象
WMS%R（威廉指標）					短期	以數值4到98研判超買超賣
DMI（趨向指標）	*				長期	以正負D線交叉點研判買賣點
MTM（動量指標）	*				中期	以MTM的10日平均線正負值研判買賣點
OSC（震盪指標）		*			中期	以10日OSC值的92至110研判超買超賣現象
CMO（動量震盪指標）			*		中期	以24日CMO值研判，-45至60研判超買超賣現象
SAR（停損點轉向操作系統）					長期	以SAR認清是否滿足買賣停損研判標準
QSTICK（量化擺盪線）	*		*		中期	與大盤呈現正相關走勢
STOCH RSI（隨機相對強弱指標）			*		短期	0是超賣區，1是超買區
TOWER（寶塔線）	*		*		長期	以三日比較法及遞嘴法即研判買賣點
AR（買賣氣勢指標）		*			長期	以26日AR值的0.35到1.40研判超買或超賣現象
BR（買賣意願指標）		*			長期	以26日BR值的0.20到5.20研判超買或超賣現象
CDP（逆勢操作指標）					短期	以近低值NL買進，近高值NH賣出
CCI（商品通道指標）	*				中期	以-100、0、+100為突破或跌破的買賣訊號

資料來源：大華投顧董事長杜金龍

來。但是，已經擁有近百年歷史的KD、MACD、RSI以及移動平均線，仍然是目前世界各地股市投資人，最常用、最好用、也相當有效的參考指標。接下來我們分別介紹這些重量級的技術指標。

RSI 指標

相對強弱指標（Relative Strength Index，RSI），在美國與台灣都廣受歡迎。它的概念是從供需平衡的原理著手，用來測量買賣雙方對股票供需的強弱。當股票供給大於需求，股價就會滑落。相對的，當大家都想要股票時，需求增加，價格就會上漲。RSI提供了一種「勢」的概念，是一個很重要的趨勢指標。

以6天一個周期為例，RSI將6天當中上漲天數總和視為總買方，當作需求買進的力量。並將下跌天數的總和，視為總賣方，當成供給的賣出力量。然後再將漲幅的總和除以6，得到漲幅平均值，當成買進力量。並把跌幅的總和也除以6，得到跌幅的平均值，當成賣出力量。

6日RSI值＝6日漲幅平均值÷（6日漲幅平均值＋6日跌幅平均值）*100

RSI指標波動比指數或是個股走勢更加靈敏，可以提早出現圖形型態，被視為領先型的指標，不過，通常也會較實際市場出現提早到頂或到底的徵兆，因此，並不太適合用來精確表明買賣點，一般還是把它當作長時間的趨勢方向，在此功能上，RSI表現得相當不錯。

RSI的使用，可以採用它的4種研判方式：

➲ ❶趨勢功能

RSI值的上升或下降方向，代表多頭或空頭的氣勢變化。一般來說，

RSI的趨勢功能，比K線圖更能提早出現買賣點。另外，RSI所呈現出來

◎ RSI指標的4種應用方式

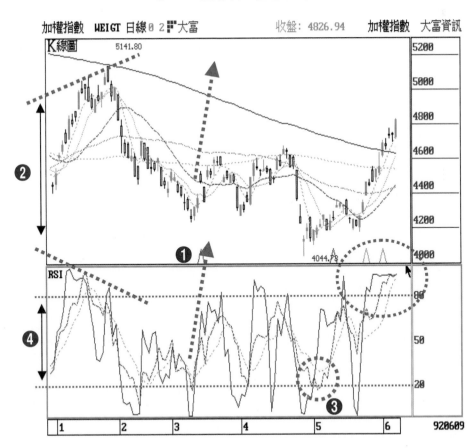

的頭部或底部型態（頭肩頂與M頭等頭部，或頭肩底與W底等底部）、整理型態（三角、楔型等），比大盤指數走勢圖更為明顯清楚。當RSI數值50，可以視為多空分界。RSI長期在50以下，表示空頭跌勢。

❷背離訊號

日K線一峰比一峰高，RSI卻一峰比一峰低，這種情況稱為背離，顯示價格虛漲，意味反轉下跌前兆，這時候最好趕快賣出股票。相反的，如果日K線一底比一底低，RSI卻一底比一底高，並沒有同步創新低，這種背離的狀況，就意味著指數即將反轉向上。

❸交叉功能

可從 6 日RSI與12日RSI交叉狀態，作為進出的參考依據。不過，這功能是在高檔或低檔交叉效果才好。如果是在40至60範圍內交叉，通常是盤整行情，比較不具有參考意義。

技術分析大師杜金龍以台股四十多年的歷史數據實證研究，顯示這項交叉功能研判買賣點的方式並不理想，獲利空間不多且虧錢機會很大，交叉功能參考一下就可以了。

❹超買與超賣提示功能

RSI值介於 0 到100之間。RSI值在80以上為買超現象，30以下為賣超現象，但RSI經常在漲勢或跌勢末期，會出現鈍化情況，因此，在強勢上漲或強勢下跌過程中，需要把臨界值調整到90與10。但這部分僅供參考

即可，不要太過執著。

特別是當 6 日RSI碰到天天漲停或天天跌停的個股時，RSI經常會出現鈍化現象，反應趨緩且盤整很久。這時就不要參考RSI，而以量能變化作為主要依據。

KD 指標

隨機指標（Stochastic Line，簡稱KD）是個威力強大的技術指標，可以用在分時圖、日線圖、周線圖、與月線圖，從極短線到中長線都可以使用，適用範圍很廣。喜歡玩短線當沖的人，會經常使用它。

KD指標的設計，融合動量觀念、RSI、與移動平均線的優點發展而成。除可判斷超買超賣之外，還有移動速度的概念。計算公式比較複雜，這裡就略過不談。

KD的應用，可以採取下列四種方式：

⊃ ❶超買與超賣提示功能

理論上D值在80以上，股市呈現超買。D值在20以下，股市呈現超賣。但在台灣股市的實證分析，D值達到80以上時，還有 2 成上漲機會；D值跌到20以下時，也還有16％繼續下跌機率。因此杜金龍認為，KD上下臨界值應該要調整為90與10，此時繼續上漲或下跌的機率才會降至5％以下。

◎ KD值指標4種應用程式

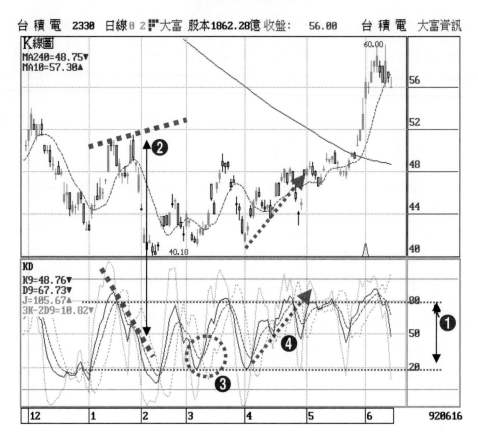

台積電 2330 日線 0 2 ┏大富 股本1862.28億 收盤： 56.00 台積電 大富資訊

⊃ ❷背離訊號

　　KD線可以配合股價走勢圖分析。當股價與KD線走勢背離，是買進

或賣出時機。K線傾斜角度趨於平緩時，是警告行情可能回軟或止跌。

❸交叉功能

當K線由上向下跌破D線，且D值在80以上的超買區時，就是賣出訊號。當K線由下往上突破D線，且D值在20以下的超賣區時，為買進訊號。

如果KD值已經落在超買區，且盤整一段時間之後，開始彎頭向下跌破80，這時才做賣出動作。相反的，如果原來落在超賣區，KD值盤整一段時間後，開始彈升突破20的時候，這時應該做買進的動作。

技術大師杜金龍的實證研究中，發現以KD交叉來研判買賣時機，賺錢機會非常的高，平均報酬率也在1成上下，好用又有效。

❹趨勢功能

9日K值的趨勢、以及反轉和繼續型態，可以做為股價走勢的判斷參考。9日KD指標在高檔的超賣區，以及低檔的超買區，有時候會出現鈍化現象。這時KD指標形同失靈，投資人就得參考其他技術指標，或者改用周線上的9周KD作為參考。

名詞解釋

DIF

差離值DIF：計算方式是（短期移動平均線 — 長期移動平均線）後所得的數值，一般是以12日移動平均線減26日移動平均線，這樣就可以得到一日DIF。

MACD 指標

指數平滑異同移動平均線（Moving Average Convergence Divergence，MACD），也有人稱他為聚散指標。是研判台股中長期走勢的有力工具，效果甚佳。MACD是由離差值DIF實線、MACD虛線、以及DEF柱狀體三個數值組成。

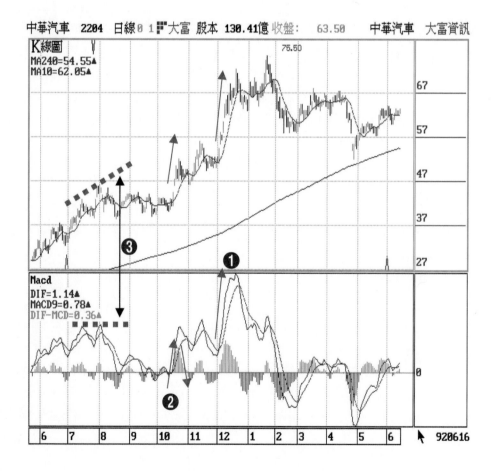

MACD具有兩大功能：第一種是交叉買賣訊號，也就是用差離值DIF突破或跌破MACD作為買進或賣出的指標。第二種是用柱狀體的增減，以及是否在零軸上下，做為判斷買賣訊號。

MACD的設計原理，是利用快速（短期）移動平均線，減去慢速（長期）移動平均線，算出兩者間的差離值（DIF），再用差離值減去差離平均值（MACD）得到的柱狀體，研判股票買賣時機。其基期的參數，常用 9 天、12天與26天 3 種。DIF累積 9 天後，再除以 9 得到平均值（DEM）。MACD柱狀體就是1日DIF減去 9 天DIF平均值。

MACD的運用，有以下 3 種主要方式：

➲ ❶交叉買賣訊號功能

先以DIF線波段高低點的轉折點，研判大盤指數波段高低點後，再以DIF線與DEM線交叉點，確認大盤指數波段屬於漲勢或跌勢。

➲ ❷柱狀體斜率買賣訊號

MACD柱狀體正負代表由多或空方主導。柱狀體切線斜率，可以反映市場多空主導力量轉強或轉弱。

➲ ❸背離功能

大盤指數續創新高，但DIF被沒有同步創新高，此時出現負背離（或稱熊市背離）走勢，就是賣出時機。相反的，如果大盤指數創新低，但是DIF並沒有創新低，此時的正背離（牛市背離），就意味著買點浮現。

4 移動平均線輕鬆學

蔡妹妹問爸爸：「報紙上寫著台股跳空跌破季線，多頭全面告急。季線是什麼，怎麼這麼重要？」

移動平均線

移動平均線（MA，Moving Average），簡稱為均線或MA。它是將每日大盤收盤價取出一段期間的平均數，然後平滑化，求出一個趨勢值。均線可用來確認趨勢線的開始或反轉，研判大盤走勢。均線是技術分析上非常重要的看盤依據，必須認真注意。

移動平均線的計算公式：N日簡單平均數值＝N日收盤加總／N日

均線的計算上，如果是用 5 天收盤價平均，就稱為 5 日均線。由於一周是 5 個交易日，所以也稱為周線。以此類推，如果是月線，我們就約略抓20個交易日平均值。如果是一年，就取240天平均值，稱為年線。

這是一個市場共通的默契，因此，各國股市都會有一些差異。例如在美股市場，多半是用200天，可能是美國假期比較多，200個交易日的平均值比較能夠貼近實際應用的狀況。

◎ 常用標準均線表

	常用標準均線
日線	短天期均線：5日線（周線）、10日線（二周線）
	中天期均線：20日線（月線）、60日線（季線）
	長天期均線：120日線（半年線）、240日線（年線）
周線	4周線（月線）、8周線（二個月線）、13周線（季線）、26周線（半年線）、52周線（年線）
月線	3個月線（季線）、6個月線（半年線）、12個月線（年線）、36周線（3年線）、120個月線（10年線）

　　均線因為是用移動平均方式求出來的數值，本身就是一條趨勢線，表示投資人平均成本是逐漸升高，還是逐漸下降，更可以避免K線本身容易受到人為尾盤做價的影響，均線能夠顯現股價真正的走勢。

　　此外，均線具有助漲助跌效果。由於均線代表一段時間投資人的平均成本，當股價超過均線後拉回，由於均線會變成支撐區，此時就是一個良好的買進時點。

中長線投資人，多以季線作為多空分界

　　台灣市場中長線投資人，多以季線作為多空分界，也是最常使用的均線。股價由下突破季線，表示多頭波段展開，為買進時機。股價從上

往下跌破季線，就是賣出時機，因為後面還會有一段空頭走勢。所以，季線保衛戰，被視為一個重要指標。

長線投資人多以年線作為判斷指標，當股價跌破年線，就視為大空頭市場來臨，需要經過一段時間才有機會重新站回年線之上，而且依照台股實證研究顯示，當大盤跌破年線時，通常大盤指數會有一成左右的跌幅。

短線投資人則多以周線或雙周線為判斷短多或短空的標準。如果是投機型的飆股，買到之後天天漲停，卻又怕哪天漲停打開之後，稍微遲疑一下，可能尖型反轉下來，跌得也會很兇，那麼財來財去真會是一場空。如果擔心會有這種情形，玩飆股的投資人，多半會更改參數，改用更為靈敏的 3 日均線作為指標。一旦跌破，就迅速賣出，毫不猶豫。

此外，當各期均線的排列，呈現短、中、長期由上而下順序排列時，是多頭市場的特徵。表示短期買進者的成本，高於中期乃至長期投資者的平均成本，這意味著個股上漲的動能持續進行中。相反的，就是空頭市場。如果次序開始變動，就表示原先的趨勢可能出現變化，此時就必須特別留意。

黃金交叉與死亡交叉，這個名詞在技術分析裡非常重要。所謂黃金交叉，是指當短天期均線突破中長天期均線，這種現象表示買盤力道開始轉為強勁，投資人開始願意迅速追價買進，當然也等於拉高平均持股成本，顯現預期股價新一波的多頭走勢正在進行。死亡交叉是指短期平

均線從上往下穿越長期平均線時，表示跌勢的開始。

　　當數條均線糾結在一起，必須特別留意。因為多空方向隨後一旦確定，不管是集體上揚，或集體下彎，力道都會相當強大，不可小覷。

◎ 黃金交叉與死亡交叉

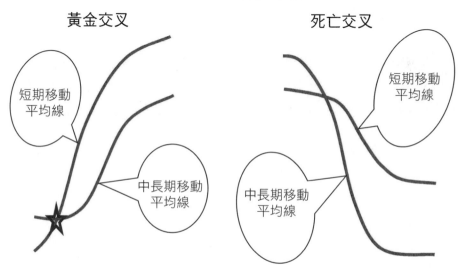

黃金交叉　　　　　　　死亡交叉

短期移動平均線

中長期移動平均線

短期移動平均線

中長期移動平均線

倘使均線糾結之後往下，稱為均線瀑布下跌，股價將會加速趕底，長黑暴跌，也有人稱為「五雷轟頂」，意思是指周線、月線、季線、半年線與年線五條均線一起下彎，這簡直比被如來神掌打到還痛苦。就像下圖的可成，三個月內大跌六成，投資人倍受煎熬。

◎ 均線瀑布下跌

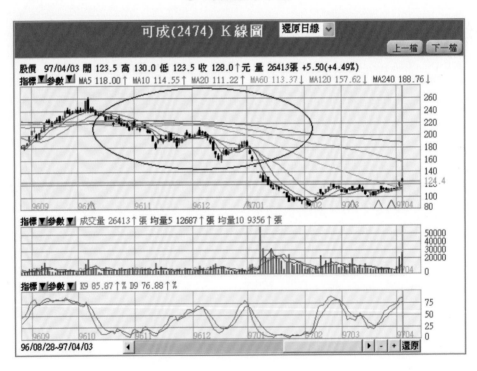

如果均線糾結之後向上，均線位於K線下方，且短、中、長期依次上往下排列，稱為開花。表示股價未來將有一段噴出走勢的多頭行情，就像下圖中，台半兩個月大漲一倍多。對此，有人稱為「五福臨門」，中國大陸則叫它「芙蓉出水」。

◎ 均線糾結開花

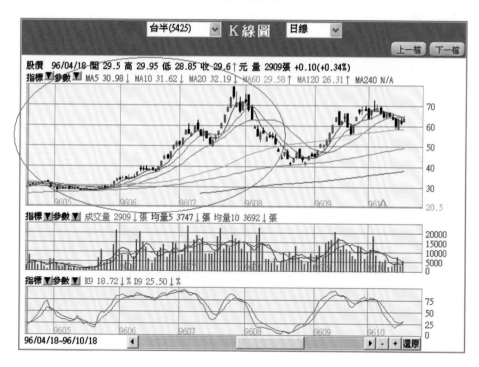

海外股票買賣
新手須知

1 前進美國股市

2 前進香港股市

① 前進美國股市

「快受不了台股啦！三不五時來個政治干擾，股市暴漲暴跌，就是長時間悶得要死。感覺總有些重量級的超大法人上下其手，賺錢很難。」「那就投資美股和港股吧！手續方便，又可分散資產，市場透明度高，很多有錢人都這麼做。」

投資美股的好處

國人對投資外國股票的需求日益股切，截至2010年 2 月，政府已將投資市場範圍，開放到46國65個交易所，預期未來更將逐步開放對中國大陸深圳與上海股票市場的投資。不過，受限於資訊取得難易與股市熟悉度的緣故，現階段台灣投資人的海外股票投資，仍以美股和港股為主，日股、星股、韓股、泰股、英股等，則在其次。本文鎖定美股和港股為介紹重點。

美國股市是全球市值最大、掛牌家數最多的股票交易市場。全球產業龍頭、最頂尖的企業，幾乎都到這裡掛牌。即使未來中國大陸將上海、深圳與香港三大交易所合併，讓掛牌總市值超越美股，奪下世界第

一。但若想像美股擁有全球最頂尖企業，這才是最難的挑戰。

　　美股匯集了全球最頂尖的企業，上市家數超過 1 萬家，市值超過20兆美元，相當豐富多元，也吸引全球半數資金投入美股。此外，外國人投資美股免繳證券交易所得稅，加上台灣產業與美國有高度連動性，要了解並不難。許多台灣投資人想投資海外，一定會把美股列為首選。

　　美國股市主要在三大證券交易所交易，包括：紐約證券交易所（New York Stock Exchange；NYSE）、那斯達克（NASDAQ；NDAQ）、美國證券交易所 （the American Stock Exchange；AMEX）。美國與國際上許多重量級企業，分散在這三大交易所掛牌。投資人可以透過國外證券商直接買賣這些股票，或是透過國內證券商以複委託方式交易。所謂複委託，就是透過國內券商，轉請海外當地券商在該國證券交易所下單。

美股買賣方式

　　美股交易時間正好是台灣人的睡覺時間，許多人喜歡透過網路下單，方便又便宜。比較常見的美股網路券商，包括：億創理財（E*TRADE）、史考特證券（Scottrade）、嘉信理財（Charles Schwab）、與第一理財（Firstrade）等，這些券商都提供中文版網頁，可以免除對英文的恐懼。

　　選擇下單券商，除了考慮手續費率、單筆固定最低手續費金額、以

及融資利率等問題，還要留意是否存在各種隱藏費用，例如有些外國券商在每一筆交易成交後會收幾美元的郵寄通知費，有些券商會有最低存款門檻要求（如至少1000美元），有些還會收取帳戶閒置與維護費（每季40美元），這些都是投資人必須留意的費用。

◎ 美國股市交易時間

日期	紐約時間	台北時間
星期一～星期五	09:30～16:00	22:30～05:00（冬令） 21:30～04:00（夏令）

⊃ 買賣海外股票也可透過本國券商

相對於外國金融機構容易巧立名目，變相增加手續費的作法。透過本國券商下單，買賣海外股票，倒是個不錯的方式。除了溝通容易、交易介面較為熟悉、提供中文訊息與新聞、以及不容易出現隱藏費用，這些都是優點。

不過缺點是，複委託的交易流程等於繞了一圈，雖然下單時間上不見得感受的出來，但畢竟多經過幾關，被多抽幾次，手續費用相較於直接下單給國外券商，費率自然較高。此外，複委託無法進行融資融券的信用交易，以及參與美國IPO新股認購。

◎ 美股投資的開戶方式

	開戶步驟
外國券商 （含網路券商）	1. 上網填寫開戶申請資料，包括美國國稅局「外國投資人免扣繳美國所得稅聲明書（W8BEN）」等資料。 2. 準備本國身分證或護照的複印本，郵寄至美國。 3. 等待一周審核時間 4. 開戶完成，匯入資金進行交易。
台灣券商	一、準備開立「買賣國外有價證券交易帳戶」 1. 雙證件（身分證正本，以及健保卡或駕照） 2. 印章、英文姓名（與護照相同，或中翻英之英文姓名）。 3. 台幣與外幣交割銀行帳戶存摺影本 4. 如果是授權他人交易時，請附受任人印章、受任人身分證影本。 二、等待通知 約需5個工作天，券商將主動通知客戶開戶完成與密碼。 三、開戶完成，準備交易 買進前，投資人需將交易款項，匯入外幣交割帳戶，即可進行交易。一些券商要求交易款項匯入的次日，才能交易。也就是前一天就需備妥資金。

資料來源：永豐金等證券商

➲ 投資海外股票該注意的事

由於海外投資，最重要的是確保交易安全與帳戶資金安全。選擇具有「海外證券複委託」執照的國內證券商，可以獲得政府提供的法律監督和訴訟保障。如果是透過國外券商下單，也要注意它的證券會員資格、財務狀況，以及投資人的存款保險理賠保障。

美股的交易單位以 1 股為單位。除了少數券商發行的 ETF 是以100股為交易單位外，都是以 1 股為單位。由於個股沒有漲跌停板的限制，買股票時要特別小心，不要隨便多加一個零，不然真的會讓你買到後激動不已、眼淚直流。

美國的股票交易代碼是採用英文縮寫。例如蘋果電腦股票代碼是AAPL，英特爾的股票代碼為INTC，可口可樂是KO，微軟是MSFT。很難得會碰到類似IBM的代碼就是IBM的幸運情況。通常要花費一些心思先去找到代碼，才會方便下單。

稅負的繳納上，賣出股票時，要依照賣出金額乘上稅率，繳納證券交易稅（SEC FEE）。不過，費率部分美國證管會有權調整，例如2010年1月15日起，稅率從先前0.00257％調降為0.00127％。雖然外國人不需要繳納證券交

名詞解釋

銀行帳戶維持費

台灣的存款人算是相當幸福，把錢存在銀行，只是單方向的領取利息收入，不用支付給銀行任何費用。但是在美國、中國等地，銀行就會跟存款人收取帳戶維持費，有些是規定存款餘額在一定金額以上才不用收取這項費用。

易稅，但在美國金融機構的存款利息與現金股息，還是要繳交30%的所得稅，不過外國投資人領到前會先扣除。

當然，美股交易當中，最貴的不是繳給美國政府的稅費，而是繳給證券商的各種名目與各種級距的手續費、**銀行帳戶維持費**、匯費等費用，而且各家券商之間差距非常大，因此要多多比較。

在台灣本土券商的複委託交易上，由於沒有什麼隱藏費用，透明清楚。我們舉永豐金的手續費率如下：

（1）若您的交易標的為股價 5 美元以上的個股，費率請參照下表。

計價幣別 （美元）	網路下單	電話下單
股票 （1000股以下）	US $39.95	US $69.95
股票 （1000股以上）	US $ 39.95+1000股以上（1001股起）每股加收 US $0.05	US $69.95+1000股以上（1001股起）每股加收 US $0.05
銀行開戶最低金額	美金100元等值之台幣	

（2）若您的交易標的為股價 5 美元以下的個股，則根據以下的方式計費。

成交金額（美元）	網路下單	電話下單
以下～4,000	一律 39.95美元	一律 69.95美元
4,001～10,000	成交金額之1.00%	US $30 + 成交金額之1.00%
10,001～50,000	成交金額之0.90%	US $30 + 成交金額之0.90%
50,001～100,000	成交金額之0.80%	US $30 + 成交金額之0.80%
100,001～500,000	成交金額之0.70%	US $30 + 成交金額之0.70%
500,001～以上	成交金額之0.60%	US $30 + 成交金額之0.60%

資料來源：永豐金證券，2010年3月

在下單種類上，可以採取交易限制，也可以採取委託時間限制：

① 交易限制

ANY：未說明交易限制者視為可接受分批成交。

AON：整批委託單（All Or None），指客戶所下的交易指示，必須整批買進或賣出，不接受分批成交。因為美股交易手續費很貴，分成兩筆成交就收兩筆手續費。

② 委託有效時間

DAY：未說明委託有效時間者視為當日有效。

GTC：長天期有效單（Good Until Cancelled），又稱 Open Order，指客戶所下的交易指示，一年內持續有效，除非交易完成或客戶自行取消。

想要投資美股，透過各種綜合指數與產業分類指數，可以幫助投資人快速掌握資訊。大家常聽的三大指數（道瓊工業指數、標準普爾500指數、以及那斯達克綜合指數），可以幫助大家掌握整體美股走向。

還有許多觀察特定族群相當好用的指數，例如觀察小型股的利器（羅素2000指數等），以及觀察特定產業動向利器（例如：費城半導體指數、NBI生技指數、AMEX網際網路指數等），這些都可以發揮很重要的協助判斷功能。

投資海外股票，選擇具有「海外證券複委託」執照的國內證券商，可以獲得政府提供的法律監督和訴訟保障喔！

◎ 觀察美股的重要指數

名稱	說明
道瓊工業指數（DJIA，Dow Jones Industrial Average）	全球歷史最悠久的指數，由30檔藍籌股所編製的股價加權平均指數，1896年由道氏理論創始者公布，至今超過百年歷史。每隔一段時間就會調整成分股，能夠上榜，都是當時最優秀的產業霸主。
標準普爾500指數（S&P500）	美國前500大上市股票所編製的股價加權平均指數。囊括所有美國主要產業。
那斯達克綜合指數（NASDAQ Composite）	那斯達克全國市場（National Market）及小型資本市場（Small cap）之所有股票所編製的市值加權平均指數。
羅素2000指數（Russell 2000 Index）	羅素指數系列，是由Frank Russell公司在1972年創立，是追蹤小型股的絕佳利器之一，選擇2000家具有巨大成長潛力的公司。
費城半導體指數（SOX）	30檔成分股，鎖定半導體上游重量級公司，例如英特爾、美光、德州儀器、台積電ADR、應用材料、博通等。
NBI生技指數	Nasdaq市場的生技與製藥產業公司股價走勢。每年5月與11月會調整成分股。

不過，過去幾年，全球產業結構出現重大變化，金融海嘯衝擊，加上能源與食品產業的重要性提升，道瓊工業指數也出現幅度稍大的調整。2008年2月，美國銀行（BOA）和雪弗龍（Chevron）取代菸草公司（Altria）和漢威聯合（Honeywell）。2008年9月22日，卡夫食品代替美國國際集團（AIG）。2009年6月8日，思科（Cisco）和旅行家集團（Travelers）取代通用汽車（GM）和花旗集團（Citi）。

◎ 道瓊工業指數的30檔成分股名單

股票代號	Company	公司名
AA	ALCOA INC	美國鋁業公司
AXP	AMER EXPRESS CO	美國運通公司
BA	BOEING CO	波音公司
BAC	BANK OF AMERICA	美國銀行
CAT	CATERPILLAR INC	開拓重工公司
CSCO	CISCO SYSTEMS	思科系統公司
CVX	CHEVRON CORP	雪弗龍公司
DD	DU PONT（EI）DE	杜邦公司
DIS	DISNEY WALT	華德迪士尼
GE	GENL ELECTRIC	奇異公司
HD	HOME DEPOT	家庭大賣場
HPQ	HEWLETT PACKARD	惠普公司
IBM	INTL BUS MACH	國際商業機器公司
INTC	INTEL CORP	英特爾公司
JNJ	JOHNSON & JOHNS	嬌生公司
JPM	JPMORGAN CHASE	摩根銀行
KFT	KRAFT FOODS	卡夫食品公司
KO	COCA COLA CO	可口可樂公司
MCD	MCDONALDS CORP	麥當勞公司
MMM	3M CO	明尼蘇達礦業與製造公司
MRK	MERCK & CO INC	默克公司
MSFT	MICROSOFT CORP	微軟公司

股票代號	Company	公司名
PFE	PFIZER INC	輝瑞製藥
PG	PROCTER & GAMBL	寶鹼公司
T	AT&T INC	美國電話電報公司
TRV	TRAVELERS CO	旅行家集團
UTX	UTD TECHS CORP	聯合科技集團
VZ	VERIZON COMM	威瑞森通訊公司
WMT	WAL-MART STORES	沃爾瑪公司
XOM	EXXON MOBIL CRP	艾克索美孚石油公司

資料日期：2010年3月

　　由於台灣的電子產業，絕大多數都與美國科技產業有著上下游產業供應鏈的關係。譬如說，台灣很多NB廠商替美國品牌廠商代工，如果台灣NB廠商的業績良好、股價上揚，也意味著他背後的美國客戶，業績也應該很好。這樣的推理邏輯，就可以將台股投資的概念，延伸到美股投資身上。

獲得美股資訊的方法

　　在訊息的掌握上，台灣投資人要拿到中文版的美股相關投資訊息，並不會太困難。一些專業投資媒體，例如聚亨網、Moneydj、華爾街日報

中文版、雅虎奇摩、以及許多台灣證券商的網頁，都提供了大量而豐沛的資訊。甚至你可以連結到中國相關券商的網站，也有不少美股訊息。

　　當然，如果是比較中小型規模的美國掛牌公司訊息，中文版的就很難找到。可能這時候還是得仰賴證券商研究報告，提供比較直接有效的投資建議。

2 前進香港股市

投資香港股市，可以投資到比台灣規模更大型的知名企業，也可以間接投資中國股市。

投資港股的好處

投資香港股市，早已是當今台灣有錢人的一項重要資產配置。不論是為了間接投資中國大陸股市、將名下資產移往海外以規避贈與稅、或是希望投資佈局更加國際化，這些都是投資港股的理由，可以大大增加自己股票操作的空間與彈性。

更重要的是，台灣民眾投資港澳紅籌股2010年3月2日正式解禁，港股投資的重要性又進一步提升。台灣投資人可以合法買賣在香港與澳門證交所掛牌的紅籌股、陸股ETF、及紅籌股ETF等帶有陸資色彩的股票。依據證期局統計，港澳紅籌股共計一百卅檔，中國移動、聯想電腦、創維數碼、吉利汽車等都是台灣股民熟知的紅籌股。券商也紛紛發行紅籌股權證，讓投資人可以以小博大。

不過，有錢人投資港股，會有私人銀行或一般銀行的貴賓理財中心為他們專門服務。那一般投資人怎麼辦？別擔心，國內許多大型證券商

也紛紛提供這項服務，包括：永豐金證券、寶來證券、群益證券、凱基證券、大華證券、華南永昌證券、元大證券、元富證券、一銀證券等。

⊃ 港股的交易平台和類別

香港證券交易市場是全球前五大的市場，分成主板和創業板（Growth Enterprise Market，簡稱GEM，又稱第二板）兩個交易平台，差別在於掛牌公司的股本規模與獲利水準等條件，主板相當於台灣的集中市場，創業板比較類似台灣的店頭與興櫃市場，或是美國的Nasdaq，並沒有獲利要求。

主板的掛牌公司，可分成：藍籌股、紅籌股、國企股（H股）、與組合股（ETF）、台資企業等。拜中國大陸與台灣企業加速到香港掛牌，香港近幾年掛牌家數再次呈現加速動力，2000年底共736家（台灣為531家），至2009年底，已經變為1145家（台灣741家），增加家數與幅度都是相當驚人的。

◎ 港股重要族群

	簡介	代表企業
藍籌股	恒生指數成分股又可以稱為藍籌股，屬於實力雄厚財務健全的大型企業。恒生指數成分股每隔一段時間會進行調整，國企、紅籌乃至台資企業股都有機會入圍。	匯豐控股、長江實業、電訊盈科、恒生銀行、九龍倉、新鴻基地產、和記黃埔。
紅籌股	凡由中資企業直接控制或持有30%股權以上的上市公司股份，均稱為紅籌股。早年多半是中國內地企業到香港市場借殼上市，也因此大多成立註冊在香港或其他的海外免稅天堂國家。	中國光大集團、中信集團、華潤集團、招商局、中旅國際、中國移動、中國網通、中國聯通、聯想集團。
國企股（H股）	中國內地企業經中國證監會批准後，前往香港掛牌（香港英文名稱為Hongkong，故簡稱H股；如在新加坡或美國紐約掛牌，則稱為S股與N股）。	中國石油、中國人壽、建設銀行、交通銀行、工商銀行、馬鞍山鋼鐵、中國銀行、招商銀行、中國國際航空。
組合股（ETF）	ETF（Exchange Trade Fund），台灣稱為「指數股票型基金」，以信託方式持有之一籃子股票，並以此為擔保，分割成單價較低之單位供投資人投資。	盈富基金、恒生H股指數上市基金、恒生指數ETF、恒生新華富時中國25指數上市基金。
台資企業	台灣企業家把在中國或台灣生產據點企業，選擇在香港掛牌，希望享有國際知名度，並利用香港，取得兩岸三地間最便利的資金調度。	自然美、康師傅、富士康、台泥國際、裕元、冠捷、精熙、永恩、香港富邦、統一中國、大成。

資料來源：永豐金證券等業者

港股的買賣方式

買賣港股的方式，一種是透過複委託，另一種則是直接到香港開戶。方式簡述如下表：

◎ 投資港股模式

方式	作法	優點
複委託	一、準備開立「買賣國外有價證券交易帳戶」 1. 雙證件（身分證正本，以及健保卡或駕照） 2. 印章、英文姓名（與護照相同，或中翻英之英文姓名）。 3. 台幣與外幣交割銀行帳戶存摺影本 4. 如果是授權他人交易時，請附受任人印章、受任人身分證影本。 二、等待通知 約需5個工作天，本公司將主動通知客戶開戶完成並告知密碼。 三、開戶完成，準備交易 買進前，投資人需將交易款項，匯入外幣交割帳戶，即可進行交易。一些券商要求交易款項匯入的次日，才能交易。也就是前一天就需備妥資金。	申請手續簡便

直接到香港開立境外戶頭	直接到香港開立證券戶頭與外幣交割戶頭。	優點：可以投資中資股票、可以融資融券信用交易、可參與IPO新股認購、境外收入免稅。

　　港股下單指令是以「手」為單位，這與台股以張數（1000股一張）為單位的作法不同。一手可能是100股、200股、500股、1000股等，都可以。港股交易以港幣為計價單位，分成早、午兩盤交易。

　　以匯豐銀行（0005.hk）為例，規定每手是400股，如果股價是100港幣，買進一手匯豐就需要 4 萬港幣，約等於17萬元台幣。和記黃埔（0013.HK）一手則是1000股。由於一手的價格並不便宜，高總價無形之中變成了一般普通投資者的買進門檻，也因此類似匯豐銀行這種情況的投資者，多半以法人機構為主。

◎ 港股早、午兩盤交易時間

日期	當地時間	台北時間
星期一～星期五	10:00～12:30 14:30～16:00	10:00～12:30 14:30～16:00

　　港股跟台股一樣，沒有證券交易所得稅，但有主管機關規定的證券交易稅、處理費用登記及過戶費。此外，還有證券商收取的手續費。買賣交易費用上，可以參考以下公式：

① 港股買進費用：

買進成交價＝（單價×股數）＋手續費＋其他費用（交易稅、交易費用、印花稅、集保費用）

• 收付銀行 T+1 日將款項轉撥至複受託證券商指定專戶，完成交割扣款。

② 港股賣出費用：

賣出金額＝（單價 × 股數）－手續費－其他費用（例：匯費、交易徵費、印花稅 …… 等）

• 委託人賣出款項由複受託券商於 T+3 日轉撥至證券商外幣專戶，T+4日由證券商專戶轉入委託人外幣專戶。

◎ 港股與台股的差異比較

市場	交易稅費					漲跌幅
	手續費*	印花稅	交易稅	交易費用	結算費	限制
香港	各券商不同	0.1%	0.004%	0.005%	0.02%，最低港幣2元，最高港幣100元	無限制
台灣	0.1425%		0.3%			7%

資料來源：大華證券

　　港股交易，要付給港交所四種稅費（印花稅、交易稅、交易費用、與結算費）。差異主要是付給證券商的手續費。經查詢各券商公告價格，國內大多券商的費率，多半訂在0.25％到0.50％之間，單筆最低收費門檻訂在港幣50元至港幣250元。這部分的差距頗大，是投資人必須先看清楚的地方。

港股投資建議

　　想投資港股，可以參考香港的幾種重要指數，了解港股的動向。此外，港股成分中，偏重金融股與資產股，這部分與台灣股市側重電子股的結構不同。因此操作港股，要儘量以總體經濟景氣循環、資產淨值、

土地開發、現金收入等角度去思考，也等於是拿台灣老一輩操作金融資產股的操作概念去做港股，畢竟，以港股投資邏輯來看，台灣一些IC設計等電子股，實在貴得沒有道理。

◎ 港股主要參考指數

	說明
恒生指數 （Hang Seng Index , HSI）	恒生指數包含34檔成分股，市值共佔港股總市值約 7 成。這34支分別納入為工商分類指數、金融分類指數、地產分類指數和公用事業分類指數等四個類別。 成分股調整：每季度調整一次。調整時間為每年的三、六、九、與十二月的第一個周五收盤，並從次一個交易日開始生效。一般會提前一個月發佈調整資訊，避免造成市場衝擊。
恒生綜合指數	恒生綜合指數是香港股市的指數之一，由恒生銀行屬下恒指服務有限公司負責計算，於2001年10月3日設立，提供更具廣泛代表性的股市指標，綜合指數包括在香港股市市值前兩百大的上市公司，共代表香港交易所上市公司的97%市值。
恒生香港中資企業指數 （紅籌股指數、HSCCI）	恒生中資企業指數（中企指數），又稱為紅籌股指數，為一組具有中資直接或間接持股至少35%的香港上市公司的整體股價表現。此指數為1997年6月16日推出。

恒生中國企業指數 （H Stock, HSCEI，國企指數）	又稱為國企指數，主要用來描述在中國註冊成立，並於香港上市的公司股票的整體表現。該指數於1994年8月8日推出，凡是已在中國註冊成立公司的形式上市的個股，都會成為國企指數成份股。
創業板指數 （HKSPGEM）	創業板讓投資者有一個可投資於「高成長、高風險」業務的選擇。對於具有成長潛力的公司（尤其對尚無盈餘的公司）來說，日後的表現存在著極大變化因素，涉及的風險較大。。

資料來源：永豐金證券

獲得港股資訊的方法

港股的投資，在台灣以嘉實資訊（Moneydj）表現位處領先群，多數證券商都使用它的新聞資料、報價、和圖表。聚亨網、財訊快報、精誠資訊、華爾街日報中文網路版等，也提供很多港股相關的投資訊息。

由於港股到2009年底，來自中國內地企業共524家，佔主板與創業板合計1319家的40％，但市值總和已經達到港股總市值的58％。港股前十五大市值股票，都是來自中國大陸內地的企業。因此，今年來，港股的走勢，雖然與美股仍然有一定的連動程度，但與中國大陸上海和深圳股市的關連度，卻更加密切。

　　因此，港股投資等於要切成兩部分，一部分是與歐美國際連動性較強的香港原本當地企業，一部分則是來自中國內地赴港掛牌的國企與紅籌股。由於後者許多公司也同時在上海或深圳證交所掛牌，因此，不少國際法人也在香港和中國內地股市中進行同一檔股票在兩地掛牌之間的套利價差操作。

　　對台灣投資人來講，雖然政府已經放寬投資港股當中紅籌股的投資限制，然而，投資香港H股，以及直接投資中國深圳和上海股市則仍在禁止之列，但市場預期也將逐步開放。不過，投資港股已是投資中國內地企業最便捷與最接近的方式。

附錄

◎ 台股、美股、港股差異比較表

	美國股市	香港股市	台灣股市
開戶手續	只須開立證券戶，不需要再開銀行帳戶及證券集保戶。 非美國人的境外投資者須填寫W-8BEN免稅表格。	複委託方式親身前往開戶	需親身前往開立證券及銀行戶頭。
交易時間	每周一至周五美東紐約時間上午09:30到下午04:00	每周一至周五早市10:00到12:30午市02:30到04:00	每周一至周五上午09:00到下午01:30
整數股單位	1股（100股只用在報價）	一手	1000股（一張）
漲/跌停限制	沒有限制	沒有限制	+7%；-7%
手續費	每家券商不一，差異頗大。	每家券商收費不同。香港聯交所規定：每筆交易不得少於成交金額的0.25%；最低收費不得少於$50港幣。	交易金額的0.1425%，但券商實際上會提供退佣作法。

證券交易稅	賣出金額 / 100 X 0.0015	交易金額的 0.011%	0.30%
印花稅	無	0.1%	無
證券交易所得稅	1）外國人不用繳稅。 2）美國公民與綠卡持有者須將資本利得併入年度所得來報稅。	無	無

資料來源：各券商

◎ 以複委託方式的各市場交割時間

交易市場	買賣	市場交割日（營業日）	款項交付日（營業日）
美國、日本、新加坡、泰國	買	T+3	T+1
	賣	T+3	T+5
香港	買	T+2	T+2
	賣	T+2	T+4
台灣	買賣	T+1	T+2

資料來源：各券商

任何對工作懷抱理想的人

作者：凱薩琳・克羅利（Katherine Crowley）
　　　凱蒂・艾斯特（Kathi Elster）
定價：320元

做你同事真要命
Working with you is killing me

★亞馬遜網路書店讀者　強力推薦

每天在辦公室8小時，和同事相處成了必修的學分，可是辦公室裡鬼影幢幢，充斥著心機鬼、馬屁鬼、懶惰鬼、自私鬼、白目鬼、噪音鬼、臭臉鬼、自閉鬼……，和這些人打交道讓你傷透了腦筋，忍不住想大喊：天啊！可不可以不要上班？

哈佛大學畢業的心理治療師凱薩琳・克羅利，她用專業的素養，層次分明的為讀者剖析困擾上班族的人和事，提出的方法不但能讓你少生氣，也能提升你和他人溝通的技巧，工作更有效率。

想要快樂上班去？請即翻閱本書。

 延伸閱讀 ………………………………………………………………

作者：鳥內浩一
定價：260元

就算是身價一億，還是超想學的商品銷售術 ─

如果你正為業績所苦，想不到好的行銷點子，本書是你必備的案頭書！日本行銷專家提供海內外實際藉由行銷而成功的範例，並推導出有助於提升業績，邁向成功的「方程式」，讓讀者可以應用到自己的事業上。

作者：李尚隆
定價：250元

人脈就是財脈 ─

作者根據多年以來構築人脈的實戰經驗，並結合生活中的大量經典案例，教給大家開拓和經營人脈的各種實用技巧。全書分為九個篇章，介紹了構築人脈的七十二種簡單實用的方法。這些方法能夠幫助我們結識生活中的親密摯友，贏得老闆的青睞，創造驚人的業績，最終借助人脈的力量撐起自己的財富人生。

都不能錯過這些書!!

用·感·動·打·開·顧·客·錢·包·的·祕·密

服務決定價格

Remarkable Service

張正彬/著:文凌兒/譯

只要服務好，
沒有做不好的
銷售

最好的服務在送禮。不管是把海水賣給魚兒、或是把冰箱賣給愛斯基摩人，雖然都是一件大成功；但它們的關鍵不在於讓客生忘掉之度外，只要把努力差距而在顧客生忘掉差距中，「用心」才是最高層的服務銷售技巧。在平凡的服務中，以特別的感染法打動顧客!

作者：張正彬
定價：299元

服務決定價格
只要服務好，沒有做不好的銷售

讓你不必花錢也能做好服務！
把顧客變朋友；不斷抱怨變心甘情願

韓國知名企管專家張正彬先生的暢銷代表作，主旨在闡述企業藉由美好的顧客經歷產生競爭力，並進而達成業績銷售增加的精采歷程。他認為現今企業或產品的競爭力，除了品質本身的獨特性之外，就是服務的內涵是否足以打動人心？

延伸閱讀 ●

作者：莎拉·伊文斯
定價：299元

101件你不做會後悔的事 — 亞馬遜5顆星超強推薦

用101篇文章，教妳如何用各種精采絕倫的經驗，豐富妳的人生。妳將會發現什麼才叫做真正懂得享受生活──好好找樂子，勇於探險。

作者：麗莎·羅賓
定價：268元

職場女王 — 揭開成功女性升遷的祕密

無論妳的頭銜是什麼，在公司裡的影響力如何，閱讀本書，就能成為職場女王！本書深入分析6種角色特質，教你掌握各角色扮演訣竅，讓妳在辦公室快樂工作，事業發展道路不受阻。

國家圖書館出版品預行編目資料

我的第一支股票會賺錢 / 劉心陽 著；-- 初版 --
台北縣中和市 ： 台灣廣廈 2010.10
　　面： 公分
　ISBN 978-986-130-173-0 (平裝)

1. 股票投資　　2. 投資分析

563.53　　　　　　　　　　　99016883

台灣廣廈出版集團
Taiwan Mansion Books Group

理財達人24

我的第一支股票會賺錢

作者 WRITER	劉心陽 Sean Liu
出版者 PUBLISHING COMPANY	台灣廣廈有聲圖書有限公司
	Taiwan Mansion Books Group
	財經傳訊出版
登記證	局版台業字第6110號
發行人／社長 PUBLISHER／DIRECTOR	江媛珍 JASMINE CHIANG
地址	235台北縣中和市中山路二段359巷7號2樓
	2F, NO. 7, LANE 359, SEC. 2, CHUNG-SHAN RD.,
	CHUNG-HO CITY, TAIPEI COUNTY, TAIWAN, R.O.C.
電話 TELEPHONE NO.	886-02-2225-5777
傳真 FAX NO.	886-02-2225-8052
電子信箱 E-MAIL	TaiwanMansion@booknews.com.tw
總編輯 EDITOR-IN-CHIEF	林翠櫻 PATRICIA LIN
企劃編輯 EDITOR	陳　芸 YUN CHEN
美術主編 ART EDITOR	張晴涵 SAMMY CHANG
製版／印刷／裝訂	東豪／廣鑫、彩之坊／秉成
郵撥戶名	台灣廣廈有聲圖書有限公司
	（郵撥4本以內外加50元郵資，5本以上外加100元）
劃撥帳號	18788328
代理印務及圖書總經銷	知遠文化事業有限公司
訂書專線	886-02-2664-8800
出版日期	2010年10月初版

網址 www.booknews.com.tw　　www.booknews.com.tw 博·訊·書·網